지금 한덕수

정치가 아닌 시스템, 대통령이 아닌 국가를 선택하라

"우리 경제를 평가하는 기준이 되는 모든 부분이
이제는 다 정상화가 됐고, 앞으로는 희망이 보인다."

2024년 7월 3일 인터뷰

"기업들이 어려운 와중에도 버티고 세계 시장에 나가
연구개발(R&D)을 계속하면서 이제는 우리 경제가
절대로 망하지 않는다는 확신을 갖게 됐다."

2024년 7월 3일 인터뷰

"국민을 움직이는 정치의 힘은
모욕과 능멸에 있는 게 아닙니다."

2024년 9월 10일 대정부질문

"정부가 내수경기를 위해 아무것도 하지 않는다는
지적은 경제를 너무 단순화시킨 발언입니다.
경제는 그렇게 돌아가지 않습니다."

2024년 9월 11일 대정부질문

"지금 대한민국은 전에 없던 어려움을 겪고 있습니다."

2024년 12월 대국민메시지

차례

006	**프롤로그**	"우리는 지금, 대통령을 다시 발명해야 한다"
013	**제1장.**	대통령의 시대는 끝났다 — 시스템 리더십이 필요한 이유
029	**제2장.**	어떤 리더가 대한민국을 구할 수 있는가 — 정치인을 넘어서, 관리자로서의 대통령
043	**제3장.**	한덕수라는 대안 — 왜 그여야 하는가
095	**제4장.**	원칙과 균형의 리더십 — 그가 국가를 운영하는 법

115	**제5장.**	누가 시대의 요구에 응답하는가 — 주요 후보들과의 냉정한 비교
139	**제6장.**	무엇을 해야 하는가 — 위기를 극복할 실천적 비전
175	**제7장.**	정치가 아닌 시스템을 선택하라 — 새로운 시대의 새로운 정치
193	**제8장.**	전환의 시작, 제7공화국으로 가는 길 — 함께 만드는 변화의 가능성
216	**에필로그**	"한 사람의 리더가 아닌, 모두의 국가를 위하여"

프롤로그
"우리는 지금, 대통령을 다시 발명해야 한다"

대한민국은 지금, 역사상 가장 중대한 전환점에 서 있다. 불과 8년 사이, 두 명의 대통령이 탄핵되는 초유의 헌정 위기를 겪었다. 그 과정에서 국민들은 정치에 대한 극심한 환멸과 피로감 속으로 빠져들었다. 2017년 박근혜 대통령의 탄핵, 2025년 윤석열 대통령의 탄핵을 거치며, 우리는 단순한 인물 교체를 넘어 시스템 자체에 대해 근본적인 질문을 던지게 되었다.

"이 나라는 과연 제대로 작동하고 있는가?"

특히 12·3 비상계엄, 윤석열 대통령 탄핵은 우리에게 경고했다. 무너진 것은 사람만이 아니라, 신뢰였고, 시스템이었다. 이제 우리에게 필요한 것은 일시적인 정권 교체가 아니다. 국가의 작동 원리를 새롭게 설계하고, 무너진 신뢰를 복원할 리더십이 절실하다.

대한민국은 여섯 번의 공화국을 거치며 시대마다 다른 리더십을 선택해왔다. 건국, 산업화, 민주화. 각 시대마다 국민은 놀라운 지혜로 지도자를 뽑아냈다. 이제 제7공화국의 첫 문을 열 인물은 어떤 리더십을 가져야 할까?

여기서 말하는 제7공화국은 단순한 헌법 개정이나 체제 변경을 의미하지 않는다. 이는 대통령 개인이 아닌, 누구라도 안정적으로 국정을 이끌 수 있게 만드는 국가 시스템의 전환을 뜻한다. 끊임없는 정치 대립이 아니라, 국가의 장기적 발전과 국민의 행복을 중심에 두는 새로운 구조다.

국민은 변화를 갈망하고 있다. 매일같이 반복되는 정치권의 소모적 공방은 삶에 아무런 긍정적 변화를 가져오지 못했다. 여야의 극단적 대립, 정권 교체 때마다 되풀이되는 정책 불연속성, 끝없는 정쟁의 악순환. 이제 국민은 이념의 성벽에 갇힌 정치가 아니라, 현실의 문제를 해결하는 실용적 리더십을 원하고 있다.

돌이켜보면, 한국 정치의 역사에는 위기의 순간마다 화려한 수사의 정치인이 아닌, 묵묵히 시스템을 복원하는 전문가를 선택해온 집단지성이 있었다. 1997년 외환위기 때 그랬다. IMF 구제금융이라는 절체절명의 위기 속에서 김대중 정부의 경제팀은 기업 구조조정, 금융시장 개혁, 외국인 투자 유치 같은 과감한 개혁을 단행했다. 화려한 말 대신, 경제 시스템 복원에 집중했다. 그 결과, 한국은 세계가 놀라는 속도로 위기를 극복했다.

2008년 글로벌 금융위기 때도 마찬가지였다. 이명박 정부는 비상경제대책회의를 가동해 경제의 방향타를 잡았다. 2020년 코로나19 팬데믹은 어땠나. 방역 전문가 중심의 위기관리 시스템은 'K-방역'이라는 세계적 모범을 만들어냈다. 이 모든 사례들은 한 가지 사실을 말해준다. 위기의 순간에는, 이념이나 수사보다 시스템을 안정시키고 복원할 수 있는 전문가의 리더십이 필요했다는 것. 그리고 그것은 단지 과거의 교훈이 아니라, 지금 우리에게 주어진 미래를 위한 지침이다.

2025년 오늘, 우리는 또 다른 국가적 전환점에 서 있다. 2024년 11월, 도널드 트럼프의 재집권이 국제 질서의 판도를 흔들고 있다. 트럼프 2기 행정부는 '아메리카 퍼스트'를 전면에 내세우며 보호무역 강화, 동맹 재편, 미중 갈등 심화라는 거센 물결을 일으키고 있다. 특히 관세 인상, 방위비 증액, 글로벌 공급망 재편은 수출 중심 경제인 한국에 심각한 도전이 되고 있다.

이 격변하는 국제 환경 속에서, 우리는 국익을 지키고 기회를 포착할 수 있는 특별한 리더십이 필요하다. 공허한 수사나 이념적 접근이 아닌, 문제 해결 능력과 국제 감각을 갖춘 실용적 리더십이 절실하다.

이 중대한 시기에, 한 인물이 우리의 주목을 받고 있다.

반세기에 가까운 공직 경험, 깊은 국제 감각. 한국 경제와 외교의 결정적 순간마다 그는 핵심적 역할을 수행해왔다. 특히 이명박 정부 시절, 주미대사로 재임하며 한미 FTA 발효를 성공적으로 이끌었고, 미국 고위 외교·경제 네트워크를 탄탄히 구축했다. 워싱턴에서 쌓은 신뢰와 실무 경험은, 트럼프 2기 행정부와의 협상에서도 결정적 자산이 될 것이다.

그는 정치인이 아니라, 국가 관리자다. 위기의 순간마다 냉철한 판단력과 균형 잡힌 시각으로 국가적 난제를 해결해왔다. 트럼프 행정부의 '거래적 외교' 스타일을 정확히 이해하고, 한국의 국익을 지키면서도 실용적 협력을 이끌어낼 수 있는 리더십. 바로 지금 우리가 가장 절실히 필요로 하는 외교적 자산이다.

오늘 대한민국이 직면한 문제는 단순한 정치 갈등을 넘어선다. 경제 침체, 안보 위협, 사회 갈등, 국제 질서의 격변. 국가 시스템의 안정적 작동과 미래 설계가 그 어느 때보다 중요해졌다. 국민들은 이념 논쟁이나 정치 대립이 아닌, 실질적인 문제 해결을 원하고 있다.

다시 묻자. 제7공화국을 열어갈 리더는 누구여야 하는가? 대통령 권한을 과시하는 정치 대통령이 아니라, 시스템을 조율하고 관리할 관리자 대통령이 필요한 것은 아닌가? 트럼프 2기의 파도 속에서도, 국익을 지켜낼 수 있는 외교 역량을 갖춘 리더가 절실한 것은 아닌가?

프랜시스 후쿠야마(Francis Fukuyama)는 『정치 질서의 기원(The Origins of Political Order)』에서 말했다. 성공하는 국가는 강력한 국가 기구, 법치, 책임 정부가 균형을 이룰 때 탄생한다고. 지금 한국 정치에 절실한 것이 바로 이 세 가지 균형이다. 그리고 그것은 오늘 내가 말하고 싶은 리더십이 지향하는 방향과 정확히 맞닿아 있다.

그런 그에 대한 평가는 다양하다. 전문성과 업무 추진력은 대체로 높은 평가를 받는다. 산업정책국장 시절 제정한 「공업발전법」은 한국 산업정책의 획을 그었고, 한미 FTA 막판 타결을 이끈 위기관리 능력은 널리 인정받고 있다. 그는 "주변을 원만히 이끌고 합리적으로 일하는" 리더로 평가된다. "조율과 통합의 리더십"은 그의 강점으로 자주 언급된다.

반면, '전관예우의 끝판왕'이라는 비판도 존재한다. 공직 퇴임 후 대형 로펌에서 고액 보수를 받은 경력이 논란의 중심에 섰다. 그러나 이 민간 경험은, 거래적 외교 시대를 맞은 지금 오히려 국가적 자산이 되고 있다. 그는 협상력과 전문성을 두루 갖춘 인물로 진화했다.

결국, 그의 진정한 가치는 민간과 공직을 아우르는 폭넓은 경험과, 국가 위기 때마다 빛을 발하는 실용적 리더십에 있다. 정파를 넘어 국가 이익을 위해 봉사할 수 있는 국정 전문가. 지금 대한민국이 절실히 필요로 하는 인물이다.

물론, 그가 모든 문제의 해답은 아닐 것이다. 그러나 오늘 우리가 직면한 시대적 과제, "시스템 복원과 국가 안정화" 앞에서, 이제는 그의 이름을 분명히 밝힐 때가 되었다. 대한민국의 위기를 극복할 가장 준비된 인물, 그의 이름은 바로 한덕수다.

그러니 이제 질문은 바꿔어야 한다.

"왜 그인가?"가 아니라, "지금 이 시대에, 그를 대신할 수 있는 인물이 있는가?"

시스템을 복구하고 작동시켜본 리더는, 단 한 사람뿐이다. 그래서 그의 이름은 선택이 아니라, 시대가 요구하는 응답이다.

이 책은, 왜 지금 한덕수인지, 그가 가진 리더십이 어떻게 시대의 요구와 맞닿아 있는지를 이야기할 것이다. 정치가 아닌 시스템을, 대통령이 아닌 국가를 선택하는 길. 제7공화국으로 가는 첫걸음을, 함께 고민해보자.

제1장

대통령의 시대는 끝났다
시스템 리더십이 필요한 이유

정치는 실패했지만, 시스템은 복원 가능하다

대한민국은 지금 정치 시스템의 위기를 겪고 있다. 민주화 이후 37년이 지났지만, 우리 정치는 여전히 성숙하지 못한 모습을 반복하고 있다. 정당은 국가의 미래보다 당장의 정파적 이익에 몰두하고, 대통령은 국민 통합보다 지지층 결집에 집중한다.

그 결과 국민들은 지쳐가고 있다. 통계청 『2023년 사회통합지표』에 따르면, 국민이 가장 신뢰하지 않는 국가기관은 국회였다. 신뢰도는 10점 만점에 3.2점. 행정부(5.1점), 사법부(4.8점)보다도 훨씬 낮은 수치다. 정치 시스템에 대한 국민의 불신이 이미 임계점을 넘었다는 증거다. 그러나 반대로, 행정 시스템과 공무원들에 대해서는 비교적 높은 신뢰를 유지하고 있다.

두 번의 대통령 탄핵, 정권이 바뀔 때마다 반복되는 주요 인사 구속. 끊임없는 대립과 갈등 속에서 국민은 정치에 대한 신뢰를 거의 잃어버렸다. 하지만 정치가 실패했다고 해서 국가 전체가 실패한 것은 아니다. 한국의 행정 시스템은 여전히 세계 최고 수준을 유지하고 있다. UN 전자정부 평가(UN E-Government Development Index)에서 2022년 세계 3위, 2024년 세계 4위를 기록했다.

특히 '온라인 서비스' 부문에서는 2024년 세계 1위를 차지했다. 또한 코로나19 팬데믹 당시 한국의 신속하고 체계적인 대응은 『Exemplars in Global Health(2020)』 등 여러 국제기구로부터 세계적 모범 사례로 평가받았다. 한국의 공무원 조직과 시스템은 세계적으로 벤치마킹 대상이 되고 있다. 방역, 전자정부, 재난 대응, 국세청과 관세청의 효율성까지. 세계 최고 수준이라는 평가는 과장이 아니다.

OECD가 발표한 '정부 효율성 지수'에서도 한국은 상위권에 속했다. 특히 행정 서비스 디지털화, 공공 데이터 개방, 정부 투명성 부문은 높은 평가를 받았다. 행정 시스템 자체는 여전히 국제 경쟁력을 유지하고 있는 셈이다. 문제는 이런 우수한 시스템이 정치권의 갈등으로 인해 제 기능을 다하지 못하는 데 있다.

한 전직 고위 공무원은 말했다.

"한국의 관료 시스템은 세계적으로 우수한 수준입니다. 문제는 정치권의 극단적 대립이 이런 시스템을 제대로 활용하지 못하게 만든다는 점입니다. 정권이 바뀔 때마다 우수한 정책마저 정치적 이유로 폐기되는 일이 반복됩니다."

실제로 정권이 바뀔 때마다 주요 정책들은 폐기되거나 급격히 수정되었다. 잘 작동하던 행정 시스템마저 정치 논리에 휘둘려 해체되는 경우가 적지 않다. 대북정책, 탈원전·재생에너지 정책, 부동산 규제 정책. 정권 교체와 함께 이들 정책은 매번 방향을 바꿨다.

박근혜 정부는 공공기관 개혁과 노동개혁을 주요 과제로 삼았지만, 문재인 정부는 이를 대폭 수정하고 노동 존중 정책과 공공부문 확대 정책을 추진했다. 문재인 정부가 강력히 추진했던 탈원전 정책도, 윤석열 정부로 넘어오면서 원전 확대 기조로 전환됐다. 윤석열 정부는 2036년까지 원전 비중을 34.6%로 늘리겠다는 계획을 수립했다. 이처럼 정권에 따라 주요 정책이 급변하는 불연속성은 국가 자원의 낭비, 정책 신뢰성 저하, 장기적 발전 저해라는 심각한 문제를 낳고 있다. 시스템은 정치적 안정성과 연속성이 보장될 때 제대로 작동한다. 지금 한국 정치는 이를 제공하지 못하고 있다. 이제는 정치가 시스템을 방해하는 것이 아니라, 시스템이 정치 위에 설 수 있도록 해야 한다.

'누가 옳은가'보다 '무엇이 작동하는가'가 중요한 시대
지금 우리에게 필요한 것은 더 이상 이념 논쟁이 아니다. 경제 위기, 저출산, 고령화, 양극화 같은 현실적 문제들은 '진보냐 보수냐'를 따진다고 해결되지 않는다. 중요한 것은 '누가 옳은가'가 아니라, '무엇이 실제로 작동하는가' 이다.

지난 20년 동안 한국 정치는 '진보 대 보수'라는 이념 대립에 과도하게 매몰되어 있었다. 그러나 국민들의 삶과 직결된 정책 문제들은 이념이 아니라 실용적 관점에서 접근해야 실질적인 해결이 가능하다. 양극화 해소, 일자리 창출, 주택 문제 해결, 저출산 대응. 이 모든 과제들은 이념적 대립이 아니라 실용적 해법을 필요로 한다.

2023년 한국경제연구원 조사에 따르면, 기업들이 정부 정책에서 가장 중요하게 생각하는 것은 '일관성과 예측 가능성'이었다. 5년마다 정권이 바뀔 때마다 정책 방향이 180도 바뀌는 현실에서, 기업들은 장기적인 투자 계획을 세우는 것조차 어려워하고 있다.

최근 10년(2015~2025)간 한국의 경제지표는 글로벌 경기 변동, 미중 무역분쟁, 코로나19 팬데믹, 지정학적 리스크 등 외부 변수에 따라 크게 출렁였다. 정권 교체가 경제에 영향을 미친 사례도 있지만, 경제지표 변동을 단순히 정권 탓으로만 돌리기는 어렵다.

하지만 2024~2025년은 달랐다. 대통령 탄핵, 계엄령 선포 논란, 권력 공백 등 극심한 정치 불안이 실물 경제에 직접적으로 부정적 충격을 가했다. 한국은행에 따르면 2024년 12월 소비자심리지수(CCSI)는 86.6으로 급락했다. 이는 2022년 11월 이후 최저치다. 2025년 1~2월에는 소폭 회복했지만, 3월 다시 93.4로 하락해 여전히 기준치 100을 밑도는 부진한 흐름을 보이고 있다. 정치 불확실성이 경제 심리에 부정적 영향을 미치고 있음을 보여주는 대목이다.

기획재정부는 2025년 1월 경제 전망에서 성장률 전망치를 기존보다 하향 조정해 1.8%로 제시했다. 글로벌 투자은행(IB)들도 비슷한 전망을 내놓았다. 평균 1.7%를 예상했고, JP모건은 "내수 불확실성의 단기 해소가 어렵다"며 1.3%라는 보수적 수치를 제시했다.

BNP파리바는 2025년 2월 보고서에서 "정치적 불확실성이 장기화될 경우, 투자심리와 소비심리 위축이 더욱 심화될 수 있다"

고 경고했다. 실제 2024년 하반기 이후 건설 투자는 3분기 연속 감소세를 보이고 있다.

반면, 독일과 스웨덴 등 주요 선진국들은 정권 교체에도 불구하고 장기적 정책 일관성을 유지해왔다. 이는 오늘날 한국 정치에 깊은 시사점을 준다. 독일은 1990년대 초반 '아젠다 2010'이라는 대규모 경제 개혁 프로그램을 추진했다. 사회민주당(SPD) 출신 슈뢰더 총리가 시작한 이 개혁은, 이후 기민당(CDU) 소속 메르켈 총리 집권 이후에도 기본 방향을 유지하며 일관되게 추진됐다. 특히 노동시장 개혁, 연금제도 개혁, 의료보험 개혁 같은 핵심 정책들은 정권 교체에도 흔들림 없이 이어졌다.

이런 정책 일관성 덕분에 독일은 '유럽의 병자'에서 '유럽의 엔진'으로 변모할 수 있었다. 스웨덴 역시 복지 정책과 재정 건전성에 대한 초당적 합의를 기반으로 정권 교체에 흔들리지 않고 국가 전략을 일관되게 추진해왔다.

한국도 과거 외환위기 극복 과정에서는 여야, 노사가 초당적으로 협력하며 빠른 경제 회복을 이뤄냈다. 그러나 최근에는 그런 협력의 모습을 찾아보기 어렵다. 정치권은 경제보다 정치적 득실에 더 큰 관심을 두고 있다.

한 중견 기업 대표는 말했다.

"기업입장에서는 정부 정책의 일관성이 무엇보다 중요합니다. 5년마다 정책이 180도 바뀌면 장기 투자 계획을 세울 수 없습니다.

그런데 한국은 정권이 바뀔 때마다 이전 정부의 정책을 뒤집는 일이 반복됩니다. 이런 환경에서는 안정적인 경영이 어렵습니다."

지금 대한민국에는 '정치적 승리'보다 '국가 시스템의 안정적 작동'이 훨씬 더 절실하다. 이제 정책은 정파적 이익이 아니라 실질적 효과로 평가받아야 한다. '진보냐 보수냐'라는 오래된 논쟁보다, "이 정책이 실제로 국민의 삶을 개선하는가?"라는 실용적 질문이 더 중요해졌다.

싸우는 대통령은 국민을 지치게 만든다

우리는 지난 몇 년 동안 '싸우는 대통령'의 한계를 뚜렷이 목격했다. 대통령이 특정 정파의 대표자로 행동하면, 국가는 분열되고 사회는 갈등에 빠진다. 국정 운영은 교착되고, 국민들은 정치에 대한 피로감을 느낀다.

2025년 3월, 통계청이 발표한 '2024년 한국의 사회지표'에 따르면, 국민들이 가장 심각하게 느낀 사회 갈등은 '보수·진보' 갈등이었다. 10명 중 8명 가까이가 이념 갈등을 주요 문제로 꼽았다. 또한 이번 조사에서도 국회는 국민 신뢰도가 가장 낮은 국가기관(26.0%)으로 나타났다.

역대 대통령들의 지지율 변화를 살펴보면 흥미로운 패턴이 드러난다. 대부분 대통령은 취임 초에는 높은 지지율을 기록하지만, 시간이 지날수록 '적대적 정치 스타일'을 보인 대통령들의 지지율은 급격히 하락했다.

반면, 포용적이고 중도적인 태도를 보인 대통령들은 임기 동안 일정 수준의 지지율을 유지했다. 특히 최근 대통령들은 '적과 동지'를 가르는 이분법적 사고와 '내편 챙기기'에 집중했다. 국민 전체가 아니라 지지층을 우선시하는 접근법은 단기적으로는 결집 효과를 가져올 수 있지만, 장기적으로는 국정 운영의 어려움과 국민 신뢰 상실을 초래했다.

정치 평론가들은 평가한다.

"한국 대통령들의 공통적인 문제는 '협치'보다 '독주'를 선택한다는 점입니다. 다수당의 지원을 받더라도 야당과의 대화와 타협은 필수적인데, 최근 대통령들은 야당을 '적'으로 규정하고 일방적으로 밀어붙이는 경향이 있습니다. 그 결과 국정은 교착 상태에 빠지고, 국민들만 피해를 보게 됩니다."

과거 권위주의 시대나 민주화 초기에는 강력한 리더십을 가진 '전투형 대통령'이 필요했을지 모른다. 그러나 지금의 한국은 다양한 이해관계가 복잡하게 얽힌 성숙한 민주주의 사회다. 이런 사회에서는 대립보다 조율, 독단보다 소통이 더 중요하다.

대통령 직속 자문기구에서 일했던 한 전문가는 회고한다.

"대통령이 '싸우는 모드'로 전환하면 정부 전체가 전투태세에 들어갑니다. 야당의 의견은 무시되고, 관료들은 대통령의 성향에 맞춰 정책을 만들게 됩니다. 그러다 보니 균형 잡힌 정책이 나오기 어렵고, 결국 국정 운영에 어려움을 겪게 됩니다."

이러한 현상은 정책의 질적 저하뿐 아니라, 정책의 지속 가능성마저 위협한다. 정책이 대통령 개인의 성향에 맞춰 만들어질 때, 두 가지 큰 문제가 발생한다. 우선 정책의 질이 저하된다. 충분한 전문적 검토나 사회적 합의 없이 대통령의 선호에 따라 정책이 추진되면 현실에서 다양한 부작용이 나타난다. 또한 정책의 지속가능성이 위협받는다. 한 대통령의 정책은 다음 정권에서 그 가치나 효과와 상관없이 쉽게 폐기되는 경향이 있기 때문이다. 이러한 '정책 단절'은 국가 자원을 낭비하고 국민들에게 불확실성을 안겨주며, 장기적으로 국가 발전을 저해한다.

반면 선진국의 정치 지도자들은 다른 접근법을 보여준다. 앙겔라 메르켈 전 독일 총리는 16년 재임 동안 이념 갈등을 넘어 실용적 문제 해결에 집중했다. 보수 정당 출신이었지만 진보 성향의 사회민주당과 대연정을 구성해 국정을 운영했고, 자신의 정치적 신념과 다른 의견도 경청하고 수용했다. 이러한 유연성과 실용주의는 독일의 안정적 성장과 사회 통합에 기여했다.

버락 오바마 전 미국 대통령도 양극화된 정치 환경에서 '초당적 협력'을 강조했다. 2008년 금융위기 대응과 의료보험 개혁을 추진하면서 야당과의 대화와 타협을 시도했다. 비록 모든 노력이 성공적이지는 않았지만, 그의 리더십은 분열된 사회에서 공통점을 찾으려는 시도였다.

한국 역시 이제는 '싸우는 대통령'이 아닌 '조율하는 대통령'이 필요하다. 대통령이 특정 진영의 대표자가 아니라 국민 전체의 대표자로서 행동할 때, 우리 사회는 더 안정적으로 발전할 수 있다. 조율하는 리더십은 단기적 정치 승리보다 국가 시스템의 안정적 작동과 장기적 발전에 가치를 둔다. 이는 정책의 질을 높이고 지속가능성을 확보하며, 사회적 갈등을 줄이는 데 기여할 것이다.

지금 필요한 건 '결단'이 아니라 '조율'

현재 대한민국이 직면한 문제들은 어느 한 사람이나 집단의 결단만으로 해결할 수 없다. 저출산·고령화, 경제 구조 전환, 에너지 전환, 복지 체계 개혁. 이 모든 과제들은 장기적이고 구조적이며, 다양한 이해관계자들의 의견을 조율하고, 사회적 합의를 이끌어내야만 풀어낼 수 있다.

한국의 저출산 문제는 이미 국가적 위기로 인식되고 있다. 2023년 기준 합계출산율은 0.78명으로 세계 최저 수준이다. 이를 해결하려면 주거, 교육, 일자리, 양육 환경 전반에 걸친 다층적이고 종합적인 접근이 필요하다. 경제 구조 전환 역시 마찬가지다. 4차 산업혁명, 디지털 전환, 저탄소 경제 이행 같은 과제들은 기업, 노동자, 시민사회, 정부가 함께 힘을 모아야만 가능하다.

2023년 한국은행의 『경제 정책의 효과성 분석』 보고서는 정책 성공 여부가 "추진 과정에서 사회적 합의를 얼마나 이끌어내느냐"에 달려 있다고 분석했다. 충분한 사회적 합의 없이 추진된 정책들은 대부분 중도에 좌초하거나, 기대한 효과를 내지 못했다.

한국의 과거 성공 사례는 이 점을 증명한다.

- 1997년 외환위기 극복
- 2001년 정보통신 인프라 구축
- 2020년 코로나19 대응

모두 정부와 시민사회, 기업과 노동자, 여야 정치권이 어느 정도의 협력과 합의를 이뤄낸 경우였다. 반대로, 최근 정부들의 주요 정책 실패 사례들은 대부분 일방적으로 추진되었다.

- 4대강 사업
- 국가교육과정 개편
- 원전 정책 변경

충분한 사회적 합의 없이 강행된 결과, 막대한 갈등과 혼란을 초래했고, 결국 다음 정부에서는 대부분 폐기되거나 크게 수정되었다. 이 과정에서 발생한 사회적 비용은 결코 적지 않았다.

한국 경제의 가장 큰 위험 요인은 바로 '정책 불확실성'이다.

기업들은 정부 정책이 얼마나 지속될지 확신할 수 없어 장기 투자에 주저하고 있다. 이런 불확실성을 줄이려면, 정책의 일관성과 예측 가능성이 보장되어야 하며, 이를 위해서는 반드시 사회적 합의 형성이 필요하다.

선진국들은 중요한 국가 정책을 여야 합의를 바탕으로 추진한다.

- 독일의 에너지 전환 정책
- 스웨덴의 연금 개혁
- 일본의 사회보장 개혁

모두 초당적 협의체를 통한 장기적 설계로 추진됐고, 정권이 바뀌어도 기본 방향은 유지됐다. 앞으로 대한민국이 맞이할 과제들은 더 복잡하고 더 어렵다. 그런 시대에는, '한쪽의 결단'이 아니라 '모두의 조율'이 해답이다.

정치 혐오 사회, 제도의 마지막 기회

대한민국은 지금, 중대한 갈림길에 서 있다. 정치에 대한 신뢰는 무너졌고, 이념의 대립은 국민을 지치게 만들었다. 우리에게 남은 선택은 명확하다. 바로 "제도와 시스템의 복원"이다. 그리고 그것을 이끌 수 있는 리더십을 찾는 것이다. 정치권은 스스로 변하지 않는다. 그렇다면 국민이 변화를 선택해야 한다. 지금, 대한민국은 질문 앞에 서 있다. "누가 더 강하게 싸우는가?"가 아니라, "무엇이 제대로 작동하는가?"를 말이다.

2023년 OECD 조사에 따르면, 한국인의 중앙정부 신뢰도는 37%로 OECD 평균(39%)보다 낮았다. 국회(21%), 정당(20%)에 대한 신뢰도는 특히 낮아, 정치 지도자와 제도에 대한 국민적 피로감이 심각함을 보여주고 있다. 정치권이 스스로 변할 것이라는 기대는 비현실적이다.

남은 것은 시스템을 복원하고, 이를 가능케 할 리더십을 선택하는 일이다. 역사는 우리에게 교훈을 준다.

· 1997년 외환위기 극복: 김대중 정부의 경제팀
· 2008년 글로벌 금융위기 대응: 이명박 정부의 비상체제
· 2020년 코로나19 대응: 전문가 중심 방역 시스템

모두 이념이 아니라, 시스템의 복원력과 전문성을 중심으로 위기를 돌파했다. 오늘 대한민국도 마찬가지다. 두 번의 대통령 탄핵이라는 초유의 헌정 위기는 정치 스캔들이 아니라, 제도에 대한 신뢰의 붕괴를 의미한다. 지금이야말로 시스템 복원의 마지막 기회다.

정치가 개혁하지 못한다면, 국민이 스스로 시스템을 선택해야 한다. 그 선택이 제7공화국의 출발점이 되어야 한다. 이제 우리는

냉정하게 물어야 한다. "누가 더 잘 싸우는가?" 가 아니라, "무엇이 제대로 작동하는가?"

정치 피로가 극에 달한 시대, 국민은 이념보다 실용을, 언변보다 실행을 요구한다. 그 중심에는 반드시 '작동하는 시스템' 이 있어야 한다. 이를 위해 우리는 세 가지를 실천해야 한다.

1) 초당적 협의체를 구성해 저출산, 고령화,
에너지 전환 같은 정권 초월 과제를 일관되게 추진한다.

2) 행정부와 입법부 간 견제와 균형이
실제로 작동할 수 있도록 제도를 재설계한다.

3) 정치적 중립성을 지닌 관료 시스템이
정권 성향에 흔들리지 않고 안정적으로 운영되도록 보장한다.

이것은 단순한 행정 개편이 아니다. "단기 정치의 만족이 아니라, 장기 국가 지속 가능성" 에 대한 선택이다. 제7공화국은, '누가 옳은가'가 아니라 '무엇이 작동하는가'에 집중하는 공화국이어야 한다.

그리고 지금, 그 출발선에 서 있다.

제2장

어떤 리더가 대한민국을 구할 수 있는가

정치인을 넘어서, 관리자로서의 대통령

대통령의 시대적 역할이 바뀌었다

대통령의 역할은 결코 고정불변한 것이 아니다. 시대와 상황에 따라 국민과 국가가 대통령에게 요구하는 역할은 달라져왔다. 권위주의 시대에는 강력한 리더십을 갖춘 '지도자형 대통령'이 필요했고, 민주화 초기에는 민주주의 제도를 뿌리내리게 할 '개혁가형 대통령'이 요구됐다.

그렇다면 2025년, 정치적 양극화, 경제·외교 불확실성 심화라는 복합적 위기 앞에 선 대한민국은 어떤 대통령을 필요로 하는가? 이 질문에 답하기 위해서는 지금 우리 사회가 직면한 도전과 시대적 요구를 정확히 진단해야 한다.

한국 정치사를 돌아보면, 이승만은 건국의 아버지로서 국가 기틀을 마련했고, 박정희는 경제 발전을 견인한 강력한 지도자였다. 김영삼과 김대중은 민주화와 IMF 극복이라는 시대 과제를 완수했으며, 노무현은 권력 분산과 지방 분권을 추진했다. 각 시대마다 대통령에게 기대한 역할은 달랐다. 그리고 이제, 또 다른 시대적 전환을 요구받고 있다.

최근 10년간 한국 사회는 급격한 변화를 겪었다. 저출산·고령화의 심화, 4차 산업혁명의 도래, 글로벌 경제 질서의 재편, 그리고 두 번의 대통령 탄핵까지. 이러한 변화는 대통령의 역할에 대한 국민의 기대치도 변화시켰다.

과거에는 대통령이 국가의 모든 영역을 지휘하고 통제하는

'최고 지도자'로 인식됐다. 그러나 현대 사회의 복잡성과 다양성은 이런 방식의 리더십을 더 이상 효과적이지 않게 만들었다. 이제 대통령은 모든 것을 결정하는 '지도자'가 아니라, 다양한 의견과 이해관계를 조율하는 '조정자'로서의 역할이 더 중요해졌다.

현대 민주주의 국가에서 대통령의 가장 중요한 역할은 '결정'보다 '조율'이다. 복잡한 현대 사회에서는 어느 한 사람이 모든 것을 결정할 수 없다. 대통령은 다양한 의견을 수렴하고, 사회적 합의를 이끌어내는 역할을 해야 한다.

최근 여론조사들에서도 이러한 인식의 변화가 감지되고 있다. 2024년 하반기 한국갤럽을 비롯한 여러 조사에서는, 다수의 국민이 대통령에게 강력한 일방적 리더십보다는 사회적 합의를 이끌어내는 조정자 역할과, 전문가의 의견을 존중하는 자세를 요구하고 있는 것으로 나타났다. 이는 시대가 요구하는 대통령상에 대한 국민 인식이 바뀌고 있음을 보여준다.

이러한 변화는 대통령의 역할이 '지시자'에서 '조율자'로, '결정자'에서 '조정자'로 변화하고 있음을 보여준다. 국민은 더 이상 명령하는 지도자를 원하지 않는다. 국민의 다양한 목소리를 경청하고, 국가적 합의를 설계할 수 있는 조율자형 대통령을 필요로 한다.

이런 시대적 요구에 가장 부합하는 사람은 누구일까. 바로 한덕수다. 그는 오랜 국정 경험을 통해 조율과 협치의 중요성을 누구보다 깊이 이해하고 있다. 2022년 국무총리 취임식에서 그는

"민생문제 해결과 경제회복, 지속성장 그리고 국민의 안전을 실현시키기 위해서, 무엇보다 국민통합과 협치에 앞장서겠다"고 강조했다. 이후 2024년 12월 대국민 담화에서도 "오로지 국민만 바라보고 헌법과 법률에 따라 나라 전체의 미래를 위해 모든 사안을 판단할 방침"이라고 천명했다.

한덕수의 이러한 메시지는 단순한 정치적 수사가 아니다. 그의 50년 공직 경험은 다양한 이해관계를 조율하고 사회적 합의를 도출하는 과정의 연속이었다. 특히 김대중, 노무현, 이명박, 윤석열 등 성향이 다른 네 명의 대통령을 모두 보좌했다는 경험은 그가 이념과 정파를 넘어 국익을 위해 소통하고 조율할 수 있는 능력을 갖추고 있음을 증명한다.

외교, 안보, 경제 위기 속에서 시스템 중심 리더십

현재 대한민국은 전례 없는 외교, 안보, 경제적 도전에 직면해 있다. 미중 갈등의 심화, 북한 핵 위협의 증가, 글로벌 공급망의 재편, 그리고 4차 산업혁명으로 인한 경제 구조의 변화까지. 이 모든 위기는 단일한 결단이나 일방적 리더십으로는 감당할 수 없는 수준에 이르렀다. 이러한 복합적 위기 상황에서는 '영웅적 리더십'보다 '시스템 중심 리더십'이 더 효과적이다. 개인의 직관이나 카리스마가 아니라, 국가 시스템이 유기적으로 작동해 문제에 대응하고 해법을 찾아내야 한다.

외교 분야를 살펴보자. 미중 전략 경쟁이 심화되는 상황에서 한국은, 안보는 미국에, 경제는 중국에 의존하는 딜레마에 처해 있다. 이런 복잡한 외교 환경에서 필요한 것은 즉흥적 판단이나 감정적 외교가 아니다. 국익을 냉철히 계산하고, 장기 전략을 세워 대응하는 시스템적 접근이 절실하다.

오늘날의 국제정세는 대통령 한 사람의 직감이나 결단으로 대응할 수 있는 차원이 아니다. 외교, 안보, 경제, 통상 등 다양한 전문가 그룹이 참여하는 집단적 의사결정 시스템이 필수적이다. 대통령은 이러한 시스템을 조율하고, 복합적 이해관계를 관리하는 '오케스트라 지휘자'가 되어야 한다.

안보 분야 역시 마찬가지다. 북한의 핵과 미사일 위협이 고도화되는 상황에서, 안보 정책은 대통령 개인의 성향이나 이념에 좌우되어서는 안 된다. 국가안보실, 국방부, 외교부, 국정원 등 관련 기관들의 전문성을 결집하고, 이를 바탕으로 일관된 안보 정책을 추진하는 것이 중요하다.

정권이 바뀔 때마다 안보 정책이 요동치는 상황은 국가안보를 심각하게 위협한다. 안보는 이념이나 정권 교체에 따라 오락가락할 수 있는 영역이 아니다. 시스템 중심, 일관성 중심의 안보 리더십이 절실하다.

경제 분야에서도 시스템 중심 리더십의 중요성이 커지고 있다. 글로벌 공급망의 재편, 디지털 전환, 기후변화 대응 등 복합적인 경제 과제들은 어느 한 사람의 결단으로 해결할 수 없다. 다양한 경제 주체들의 의견을 수렴하고, 장기적 관점에서 일관된 경제 정책을 추진하는 것이 필요하다.

경제학자들은 지적한다.

"한국 경제가 직면한 구조적 문제들은 5년 단위의 정권 교체 주기로는 해결하기 어렵습니다. 정권이 바뀌어도 유지되는 경제 시스템과 정책 일관성이 필요합니다. 이를 위해서는 대통령이 자신의 이념을 앞세우기보다 경제 시스템을 안정적으로 운영하는 데 집중해야 합니다."

시스템 중심 리더십의 핵심은 '개인의 판단'보다 '제도화된 의사결정'을, '즉흥적 대응'보다 '체계적 접근'을 중시한다는 점이다. 이는 대통령 개인의 능력이나 판단에 의존하기보다, 국가 시스템의 집단지성을 활용하는 리더십 방식이다.

물론 이런 리더십은 화려하지 않을 수 있다. 카리스마 넘치는 쇼맨십도 없고, 극적인 결단 장면도 드물다. 하지만 현대 사회에서는 이러한 "보이지 않는 안정성"이 오히려 국가 경쟁력의 핵심이다. 특히 외교, 안보, 경제 같은 국가 존립에 직결된 분야에서는 더욱 그러하다.

대한민국은 다시 '작동'해야 한다

현재 대한민국의 가장 큰 문제는 국가 시스템이 제대로 작동하지 않는다는 점이다. 정치적 갈등과 대립으로 인해 정책의 일관성과 연속성이 저해되고, 국가의 중장기적 발전 전략이 흔들리고 있다. 이제 대한민국은 다시 '작동'해야 한다.

한국은 1960~70년대 경제 개발, 1980~90년대 민주화, 2000년대 정보화를 성공적으로 이루어냈다. 이것이 가능했던 이유는 시기마다 국가 시스템이 비교적 안정적으로 작동했기 때문이다. 국가의 핵심 정책들이 일관성 있게 추진되었고, 정권 교체에도 불구하고 정책의 연속성이 어느 정도 보장되었다.

그러나 최근 10년간 한국 사회는 극심한 정치적 대립과 갈등으로 인해 국가 시스템의 안정적 작동이 저해되었다. 정권이 바뀔 때마다 이전 정부의 정책들이 전면 재검토되거나 폐기되는 일이 반복되었고, 이는 정책의 일관성과 예측 가능성을 크게 훼손했다.

정치적 양극화가 심화되면서 장기적 국가 발전 전략이 흔들리고 있다. 에너지 정책, 산업 정책, 복지 정책 등 국가의 핵심 정책들이 정권이 바뀔 때마다 180도 방향을 바꾸는 상황이다. 이런 상황에서는 기업들이 장기 투자 계획을 세울 수 없고, 결국 국가 경쟁력이 저하된다.

실제로 주요 정책 분야에서 이러한 현상이 두드러지게 나타나고 있다. 에너지 정책의 경우, 2017년 문재인 정부는 탈원전을 국가 기조로 선언하고 신한울 3·4호기 건설을 중단했으나, 2022년 윤석열 정부는 이를 번복하고 원전 확대를 추진하는 등 정책의 일관성이 크게 저해되었다.

부동산 정책도 정권이 바뀔 때마다 큰 폭으로 변화했다. 문재인 정부의 강력한 규제 중심 정책(2017-2021)에서 윤석열 정부의 시장 중심 접근(2022-)으로의 급격한 전환은 시장의 혼란과 불안정성을 초래했고, 결과적으로 주택 가격 변동성을 증가시켰다.

이러한 상황에서 필요한 것은 국가 시스템을 다시 '작동'시키는 것이다. 정치적 대립을 넘어 국가의 핵심 정책들이 일관성 있게 추진될 수 있도록 하는 것, 그리고 정권 교체에도 불구하고 정책의 연속성이 보장되도록 하는 것이 중요하다.

국가 시스템이 제대로 작동하려면 정치권의 과도한 개입을 줄이고, 전문성에 기반한 정책 결정 과정을 강화해야 한다. 대통령은 이런 시스템이 안정적으로 작동할 수 있도록 환경을 조성하는 역할을 해야 한다.

국가 시스템의 안정적 작동은 단순히 행정부의 효율성만을 의미하지 않는다. 입법부, 사법부, 행정부 간의 견제와 균형, 중앙정부와 지방정부 간의 조화로운 협력, 그리고 정부와 시민사회 간의 건설적인 파트너십을 포함하는 개념이다.

2023년 OECD가 발표한 '정부 효율성 지수'에 따르면, 한국은 정부 디지털화와 행정 서비스 측면에서는 높은 평가를 받았지만, 정책 일관성과 예측 가능성 측면에서는 낮은 평가를 받았다. 이는 한국의 국가 시스템이 기술적으로는 우수하지만, 정치적 요인으로 인해 안정적으로 작동하지 못하고 있음을 보여준다.

결국, 대한민국은 다시 '작동'해야 한다. 그 출발점은 대통령이 정치적 승부가 아니라, 국가 시스템의 안정적 복원에 헌신하는 데 있다. 그리고 이를 위해서는 시스템 중심 리더십을 가진 대통령이 필요하다. 자신의 정치적 이해관계나 이념이 아니라, 국가 시스템의 장기적 작동과 국민 삶의 안정을 최우선에 두는 대통령.

지금 대한민국은 바로 그런 리더를 필요로 한다.

정치 '저소음' 리더십의 필요성

지금 대한민국 정치의 가장 큰 문제 중 하나는 '소음'이 너무 많다는 점이다. 정치권의 끊임없는 공방과 갈등, 대통령과 여야 간의 대립, 그리고 이로 인한 미디어의 과열된 보도는 국민들에게 정치 피로감을 안겨주고 있다. 이런 상황에서 대한민국이 절실히 필요로 하는 것은 '저소음(low-noise) 리더십'이다.

저소음 리더십이란 불필요한 정치적 소음을 최소화하고, 실질적인 국정 운영과 정책 집행에 집중하는 리더십 스타일을 말한다. 이는 화려한 수사나 정치적 퍼포먼스보다 실제 성과와 결과를 중시하는 접근법이다.

한 언론인은 말한다.

"최근 몇 년간 한국 정치는 '소음'으로 가득 찼습니다. 대통령과 여야가 서로 공격하고, 언론은 이를 확대 재생산하며, 국민들은 이런 소음 속에서 피로감을 느끼고 있습니다. 이제는 소음을 줄이고 실질적인 국정 운영에 집중하는 '저소음' 대통령이 필요합니다."

저소음 리더십의 핵심은 '보여주기식' 정치가 아닌 '실질적인' 성과에 집중한다는 점이다. 이는 언론의 주목을 받기 위한 화려한 발언이나 행동 대신, 실제로 국민의 삶을 개선할 수 있는 정책과 제도 개선에 역량을 집중하는 것을 의미한다.

또한 저소음 리더십은 갈등을 증폭시키기보다 완화시키는 데 주력한다. 정치적 대립을 조장하는 발언을 자제하고, 다양한 이해관계자들의 의견을 경청하며, 사회적 합의를 이끌어내는 데 집중한다.

한 정치 평론가의 이야기를 들어보자.

"저소음 리더십은 약한 리더십이 아닙니다. 오히려 불필요한 정치적 갈등을 줄이고 실질적인 성과에 집중할 수 있는, 더 성숙하고 효과적인 리더십 방식입니다. 현재 한국 사회의 정치 피로감을 고려할 때, 이런 리더십이 더 적합할 수 있습니다."

실제로 국제적으로 성공적인 지도자들 중 많은 이들이 저소음 리더십 스타일을 가지고 있다. 앙겔라 메르켈 전 독일 총리는 대표적인 사례다. 그녀는 화려한 연설이나 감성적 호소보다 합리적인 정책과, 실용적인 문제 해결 능력으로 16년 동안 독일을 이끌었다. 그녀의 리더십 하에서 독일은 정치적 안정과 경제적 번영을 동시에 이룰 수 있었다.

또 다른 사례로는 싱가포르의 리셴룽 총리를 들 수 있다. 그는 감정적 호소나 정치적 수사 대신, 데이터에 기반한 정책 결정과 효율적인 정부 운영으로 싱가포르의 지속적인 발전을 이끌었다. 그의 저소음 리더십은 싱가포르가 정치적 안정과 경제적 번영을 유지하는 데 크게 기여했다.

한국의 정치 상황에서도 저소음 리더십의 효과가 일부 입증된 사례가 있다. 김대중 정부 시절 외환위기 극복 과정에서 이헌재 재정경제부 장관은 조용하면서도 단호한 위기관리와 시장 신뢰 회복을 이끌며 저소음 리더십의 모범을 보였다. 또한 이명박 정부 시절 글로벌 금융위기 대응의 주역인 윤증현 기획재정부 장관은 강한 추진력과 소신, 장악력으로 위기 극복에 기여했다.

현재 한국 사회의 정치 피로감과 갈등 상황을 고려할 때, 저소음 리더십은 더욱 중요해졌다. 국민들은 더 이상 대립과 갈등을 조장하는 정치인이 아니라, 실질적인 문제 해결에 집중하는 지도자를 원하고 있다.

대한민국이 필요로 하는 대통령상

오늘날 대한민국이 직면한 복합적 위기는 과거 우리가 알던 리더십의 패러다임 전환을 요구하고 있다. 이제 대한민국은 '명령하는 지도자'가 아닌 '조율하는 대통령'을 갈망하고 있음이 분명하다.

우리가 필요로 하는 새로운 리더십의 핵심은 세 가지 축으로 정리된다. 첫째, '시스템 중심 리더십'은 개인의 영웅주의를 넘어 국가 전체가 유기적으로 작동하도록 하는 지휘자와 같은 역할을 의미한다. 한 명의 카리스마 있는 영웅이 모든 문제를 해결할 수 있던 시대는 이미 지났다. 이제는 각 분야 전문가들의 지혜를 모으고, 제도화된 의사결정 과정을 통해 국가의 안정적 작동을 보장하는 리더가 필요하다.

둘째, '저소음 리더십'은 정치적 소란보다 실질적 성과에 집중하는 태도다. 국민들은 정치권의 감정적 호소나 선동적 언사에 피로감을 느끼고 있다. 눈에 보이는 화려한 수사보다 실생활에 닿는 유의미한 변화, 소리 없이 큰 일을 해내는 리더십을 원하고 있다.

셋째, '조율하는 리더십'은 정파적 이해관계보다 국가 전체의 균형과 조화를 중시한다. 메르켈 전 독일 총리와 오바마 전 미국 대통령은 이념 갈등을 넘어 실용적 문제 해결에 집중했다. 진보와 보수를 아우르는 대연정을 이끌거나 초당적 협력을 강조하며 국가적 위기를 극복해 냈다. 대한민국 역시 이제는 '싸우는 대통령'이 아니라 '조율하는 대통령'이 필요한 시점이다.

이러한 새로운 리더십은 과거 우리가 익숙했던 '지도자형' 또는 '개혁가형' 대통령과는 확연히 다르다. 지금 우리에게 필요한 것은 '관리자형', '조정자형' 대통령이다. 우리는 더 이상 슈퍼맨이 아닌, 오케스트라의 지휘자를 필요로 한다. 한 사람의 천재적 연주자가 아니라, 수많은 연주자들의 조화로운 앙상블을 이끌어내는 조율자를 갈망한다.

이러한 리더십의 전환은 단순한 선호의 문제가 아니다. 미중 갈등, 북한 위협, 경제 불확실성, 사회 양극화 등 우리가 직면한 복합적 위기는 어느 한 사람의 영웅적 결단으로 해결될 수 없는 수준에 이르렀다. 이것은 시대가 우리에게 강요하는 불가피한 변화다.

한덕수의 50년 공직 경력은 바로 이러한 새로운 리더십의 산증거다. 그는 화려한 퍼포먼스보다 묵묵히 성과를 내는 실용주의자였고, 이념의 경계를 넘어 국가의 안정적 발전을 최우선시했으며, 시스템의 유기적 작동을 위해 헌신해왔다. 그의 행보는 우리가 그토록 갈망하는 새로운 리더십의 청사진이 될 수 있다.

대한민국은 이제 다시 '작동'해야 한다. 정치적 소음과 갈등으로 멈춰 선 국가 시계를 다시 움직이게 할 때다. 이념적 교조주의와 정쟁으로 인해 표류하는 국가의 방향타를 바로잡을 때다. 이것이 바로 대한민국이 한덕수에게 거는 기대이자, 우리 모두가 꿈꾸는 새로운 리더십의 지향점이다.

제3장

한덕수라는 대안
왜 그여야 하는가

50년 공직 경력, 네 명의 대통령을 보좌한 유일한 인물

한국 현대사에서 반세기에 걸친 공직 경험과 네 정부를 관통한 경력을 가진 인물은 한덕수가 유일하다. 1949년 전라북도 전주의 평범한 가정에서 태어난 그는 어린 시절부터 학문에 대한 열정이 남달랐다. 경기고등학교를 거쳐 서울대학교 경제학과에 입학한 한덕수는 학업에 매진해 서울대 전체 3등이라는 뛰어난 성적으로 대법원장상을 수상했다. 그의 학문적 여정은 여기서 멈추지 않았다. 하버드대학교에서 경제학 석사 및 박사 학위를 취득하며 국제적 시야와 이론적 기반을 탄탄히 다졌다.

한덕수는 거의 반세기 동안 대한민국 국가 운영의 중심에서 일해왔다. 주목할 만한 점은 진보에서 보수까지, 이념과 성향이 극명하게 다른 네 명의 대통령—김대중, 노무현, 이명박, 윤석열—을 성공적으로 보좌한 유일한 인물이라는 사실이다. 이는 단순한 정치적 기회주의가 아닌, 국가와 국민을 위한 봉사라는 변함없는 신념과 탁월한 조정 능력의 증거다.

한덕수의 전문성은 특히 통상과 경제 분야에서 빛을 발했다. 그가 관여한 정책 결정은 한국 경제 역사의 중요한 전환점마다 결정적 역할을 했다. 1990년대 초 통상산업부 통상무역실장으로서 OECD 가입을 위한 제도적 기반을 구축하고, 대일 무역규제 해제를 통해 한국 기업의 국제 경쟁력을 강화했다. 그의 능력을 인정받아 1997년에는 통상산업부 차관으로 승진했는데, 이 시기는 한국 경제의 구조적 전환기였다.

1997년 외환위기라는 국가적 위기 상황에서 그는 김대중 정부의 초대 외교통상부 통상교섭본부장으로서 IMF와의 협상을 주도했다. 위기 극복 과정에서 그가 보여준 협상력과 전략적 사고는 한국이 다른 위기 국가들보다 빠르게 회복할 수 있는 토대가 되었다. 이후 청와대 경제수석비서관으로 활동하며 위기 이후 경제 정책의 일관성을 유지하는 데도 중요한 역할을 했다.

노무현 정부 시절인 2005년에는 경제부총리 겸 재정경제부 장관을 역임했고, 한미 자유무역협정(FTA) 체결 지원위원장을 맡아 한미 FTA 협상을 주도한 공로를 인정받았다. 이명박 정부에서는 주미대사를 지냈으며, 윤석열 정부에서도 국무총리로 복귀해 정치·경제 위기 대응을 이끌었다. 진보에서 보수까지, 그의 경력은 단순히 행정 고위직을 거쳤다는 데 그치지 않는다. 이념의 차이를 넘어 실용과 조정 능력을 바탕으로 정권을 초월한 신뢰를 얻어낸 것이다.

정부에서 일하는 한 공무원에게 들은 얘기다.

"한덕수는 정치인이 아니라 국가 관리자입니다. 그는 자신의 정치적 이익이나 이념보다 국가의 안정적 운영을 우선시합니다. 그래서 성향이 다른 여러 정부에서 중요한 자리를 맡을 수 있었던 것입니다."

한덕수의 공직 이력은 단순한 경력 쌓기가 아닌, 국가 경제의 풍랑을 헤쳐 나간 항해 일지와도 같다. 대한민국이 거센 경제 격변을 맞을 때마다 그는 중요한 위치에서 키를 잡았다. 1997년 외환위기가 몰아쳤을 때 통상교섭본부장으로서 IMF와의 협상에서 국익을 지키기 위해 밤을 새웠고, 경제가 숨통을 트기 시작한 2001~2002년에는 청와대 경제수석으로 회복세를 안정적 성장으로 전환시키는 데 기여했다. 2008년 글로벌 금융위기 당시에는 주미대사로서 국제 금융시장의 불안 속에서 한국 경제의 신뢰도를 지켜내는 외교적 교두보 역할을 했다. 2022년에는 국무총리로서 코로나19 팬데믹 이후 경제 회복과 방역 조율을 담당했다. 그는 위기 상황마다 나라를 안정시키는 조정자로 기능해왔다.

그의 경력은 마치 한국 현대 경제사의 중요 장면마다 등장하는 키맨과도 같다. 이런 이력은 단순히 운이 좋아서가 아니라, 위기의 본질을 꿰뚫어 보는 통찰력과 다양한 이해관계를 조율할 수 있는 뛰어난 협상력이 인정받았기에 가능했다. 한덕수는 격동의 파도 속에서도 흔들리지 않는 경제 항해사로서 자신의 가치를 증명해 왔다.

이러한 경험들은 단순한 행정 경력을 넘어 "국가적 난관을 극복한 실전 경험"으로 평가된다. 교과서나 이론으로는 대체할 수 없는 살아 있는 경험이다. 이런 위기 대응 경험은 값진 자산이다. 한덕수는 실제 국가적 위기 상황에서 정부 요직을 맡아 정책 조율과 대응에 기여한, 우리 사회에서 보기 드문 실전 경험을 가진 인물 중 하나다.

고요하지만 단단한 시스템형 리더십

한덕수의 리더십은 화려하지 않다. 그는 카리스마 넘치는 연설이나 대중적 인기에 의존하지 않는다. 대신 그의 리더십은 조용하지만 단단하다. 시스템을 통해 일하고, 제도를 통해 성과를 내는 리더십이다. 그의 리더십 스타일은 '조용한 조정자(quiet coordinator)'라고 표현할 수 있다. 그는 갈등을 조장하거나 대립을 즐기지 않는다. 대신 다양한 이해관계자들의 의견을 경청하고, 최적의 해결책을 찾아내는 데 집중한다.

그와 함께 일했던 전직 공무원은 회고한다.

"한덕수 총리는 회의에서 누구의 말이든 끝까지 경청합니다. 그리고 모든 의견을 종합해 최적의 결론을 내립니다. 그의 방에서 나올 때는 모두가 자신의 의견이 반영됐다고 느낍니다. 이것이 그의 리더십의 핵심입니다."

또 다른 특징은 '팀플레이어'로서의 면모다. 한덕수는 자신이 전면에 나서기보다 팀의 역량을 최대한 끌어내는 데 집중한다. 그는 관료 시스템의 장점을 잘 활용하며, 각 분야의 전문가들이 자신의 역량을 발휘할 수 있는 환경을 만들어 준다.

노무현 정부 시절 경제부처에서 함께 일했던 비서관을 주목해 볼 필요가 있다.

"한덕수 부총리는 경제팀을 이끌 때 각 부처의 의견을 존중하면서도 일관된 경제 정책 방향을 유지했습니다. 그는 '원팀(One Team)' 정신을 강조하며, 부처 간 칸막이를 없애고 협력을 이끌어냈습니다."

한덕수 리더십의 또 다른 강점은 위기 관리 능력이다. 위기 상황에서도 감정적 대응이나 즉흥적 판단이 아니라, 철저한 분석과 시스템적 접근을 기반으로 해결책을 모색했다. 그의 리더십은 화려하지 않지만, 실제 성과와 시스템 운영 능력으로 조용히 증명되어 왔다.

말보다 정책으로, 선동보다 설계로

현대 정치에서 언변과 수사는 중요한 정치적 자산이 됐다. 많은 정치인들이 화려한 말솜씨와 강렬한 메시지로 대중의 지지를 얻는다. 하지만 한덕수는 다른 길을 걸어왔다. 그는 말이 아니라 정책으로, 선동이 아니라 설계로 자신의 역량을 증명해왔다.

한덕수는 말이 많은 사람이 아니다. 불필요한 언론 노출을 피하고, 정치적 레토릭보다는 실질적인 정책 결과에 집중한다. 자신의 성과를 과시하거나 홍보하는 데 관심을 두지 않고, 주어진 임무를 묵묵히 수행하는 데 모든 에너지를 쏟는다.

그와 함께 일했던 사람들은 입을 모아 말한다.

"한덕수는 '일하는 사람'입니다. 그는 카메라 앞에서 멋진 말을

하는 것보다, 실제로 성과를 내는 것에 더 가치를 둡니다. 이런 성향은 정치인으로서는 단점일 수 있지만, 국가 관리자로서는 큰 장점입니다."

한덕수의 강점은 정책 설계 능력이다. 그는 복잡한 정책 문제를 체계적으로 분석하고, 실현 가능한 해결책을 찾아내는 데 탁월한 능력을 보여왔다. 특히 경제 정책 분야에서 그의 전문성은 널리 인정받는다.

노무현 정부 시절, '비전 2030'은 정부·민간 합동작업단이 주도하여 설계한 종합 국가 발전 전략으로, 2006년 8월에 발표되었다. 이는 한 세대 앞을 내다보는 최초의 국가 장기종합전략으로, 저출산·고령화 시대에 대비한 장기 비전과 재정 운용계획을 포함해 '함께가는 희망한국' 건설을 위한 포괄적인 국가 미래 청사진을 담고 있었다.

특히 그는 '성장-복지-환경'의 균형 발전이라는 비전 2030의 핵심 철학을 구체화하는 데 기여했으며, 재정 건전성을 유지하면서도 미래 투자를 확대하는 전략적 접근을 강조했다. 당시로서는 매우 선도적인 정책 기획이었으나, 정권 교체로 인해 온전히 실현되지는 못했다. 그럼에도 불구하고 그 핵심 아이디어들은 이후 정부들의 정책 방향에 적지 않은 영향을 미쳤다.

또한 그는 2009년부터 주미대사로 재임하면서, 한미 FTA 발효를 위한 미국 내 비준 과정에서 외교적 설득과 조율을 성공적으로 이끌었다. 경제 외교의 최전선에서 쌓은 실전 경험은, 오늘날 한덕수 리더십의 국제적 역량을 설명해준다.

한덕수의 또 다른 강점은 정책의 연속성과 일관성을 중시한다는 점이다. 그는 정권이 바뀌어도 효과적인 정책은 계승하고 발전시킨다. 정치적 진영 논리보다는 실용성과 데이터에 기반한 정책 결정을 선호한다.

경제 정책 전문가들은 평가한다.

"한덕수란 사람은 정책의 연속성을 중시합니다. 그는 이전 정부의 정책이라도 효과적인 것은 계승하고 발전시킵니다. 이런 접근법은 정책의 일관성과 예측 가능성을 높이는 데 기여합니다."

이러한 태도는 시대의 갈등을 조정하고 국정의 중심을 잡는 리더십에 필요한 자질로, 특히 정책 불확실성이 경제에 미치는 부정적 영향이 큰 오늘날의 상황에서 더욱 가치가 있다. 한덕수는 또한 데이터와 증거에 기반한 정책 결정을 중시한다. 그는 이념적 편향이나 정치적 고려보다 객관적 데이터와 전문가 의견을 바탕으로 정책을 설계한다. 이런 접근법은 정책의 효과성과 신뢰성을 높이는 데 기여한다.

한덕수는 항상 데이터를 요구한다. 감정이나 직관이 아니라, 객관적 데이터와 전문가 의견에 기반해 의사결정을 내린다. 이것이 바로 그가 위기 때마다 빛날 수 있었던 비장의 카드다.

정치인이 아닌, 국가 관리자의 귀환

현대 민주주의 국가에서 정치인과 국가 관리자는 다른 역할을 한다. 정치인은 대중의 지지를 얻고 권력을 획득하는 데 주력하는 반면, 국가 관리자는 국가 시스템의 안정적 운영에 집중한다. 한덕수는 후자의 대표적 인물이다.

그는 자신을 '국가 관리자(state manager)'로 정의한다. 그에게 정치는 목적이 아니라 수단이다. 그의 목적은 국가 시스템을 안정적으로 운영하고, 국민의 삶을 실질적으로 개선하는 것이다.

한덕수는 전형적인 테크노크라트(technocrat)다. 그의 행보를 보면, 이념보다 전문성을, 정치적 계산보다 실용적 해결책을 중시한다. 이런 유형의 지도자는 정치적 혼란기나 경제 위기 시에 더 큰 가치를 발휘한다.

한덕수의 이런 성향은 그의 경력에서도 잘 드러난다. 그는 정치인으로 변신하거나 정당 정치에 뛰어들지 않았다. 대신 국가 위기 상황마다 요청을 받아 공직에 복귀했고, 위기가 해소되면 조용히 물러났.

한덕수는 여러 번 국회의원이나 정당 대표로 나설 기회가 있었다. 하지만 그는 항상 거절했다. 그는 정치적 성공보다 국가의 안정적 운영에 더 가치를 두는 사람이다. 한덕수의 이런 면모는 현재 대한민국이 필요로 하는 리더십과 맞닿아 있다. 정치적 대립과 갈등으로 인해 국가 시스템이 제대로 작동하지 못하는 상황에서,

국가 관리자로서의 그의 역량은 더욱 빛날 수 있다.

특히 대통령 탄핵 이후 국가적 혼란기에는 정치인보다 국가 관리자가 더 적합할 수 있다. 정치적 갈등을 치유하고 국가 시스템을 복원하는 데는 중립적이고 전문적인 리더십이 필요하기 때문이다.

역사적으로 볼 때, 국가적 위기 상황에서는 종종 정치인이 아닌 국가 관리자가 국가를 이끌어온 사례가 있다. 이탈리아의 마리오 드라기, 그리스의 루카스 파파데모스, 체코의 이리 루스노크 등은 모두 경제 위기 상황에서 국가를 이끈 테크노크라트 출신 총리들이다.

한국에서도 외환위기 극복기에는 비정치인 출신 인사들이 총리로 기용돼 국정 안정을 이끌었다. 한덕수는 이 전통의 연장선에 서 있다. 그는 정치인이 아닌 국가 관리자이기에, 지금 대한민국이 요구하는 리더십에 정확히 부합한다.

인간 한덕수: 공직자 이면의 삶과 가치관

지금까지 살펴본 한덕수의 이력과 리더십은 그를 대한민국 현대사의 특별한 인물로 자리매김하게 만들었다. 그러나 진정으로 한덕수를 이해하기 위해서는, 단순한 공직 경력이나 정책 성과를 넘어, '인간 한덕수', 그의 개인적 가치관과 삶의 방식을 들여다볼 필요가 있다.

그가 50년 가까운 공직 생활 동안 지켜온 생활 태도와 신념들은, 그의 리더십 스타일과 정책 철학을 이해하는 데 필수적인 단서를 제공한다.

— 검소함에서 드러나는 한덕수의 인생 철학

한덕수를 오래 지켜본 이들이 한결같이 증언하는 그의 가장 두드러진 개인적 특징은 바로 검소함과 소탈함이다. 수십 년간 경제부총리, 국무총리, 주미대사 등 국가 최고위직을 역임했지만, 그는 모든 화려함과 거리를 둔 소박하고 절제된 생활 태도를 한결같이 견지해왔다.

2006년 국무총리 시절 있었던 일화는 그의 생활 철학을 단적으로 보여준다. 한 기자가 그가 여러 해 동안 같은 넥타이를 매고 다니는 것을 발견하고 이를 보도했다. 이에 한덕수는 "쓸 만한데 왜 바꾸냐?"라는 담담한 대답만을 남겼다. 이 짧은 응답 속에는 물질적 풍요보다 본질적 가치를 중시하는 그의 인생관이 고스란히 담겨있다.

한덕수의 검소함은 단순한 개인적 취향이 아니라, 공직자로서의 철학과 국가관에서 비롯된 것이다. 그에게 공직은 개인의 영달이나 물질적 풍요를 위한 수단이 아니라, 국가와 국민을 위한 봉사의 장이었다. 이런 가치관은 그의 50년 공직 생활 전체를 관통하는 원칙이 되었다.

한덕수는 식생활에서도 소탈함을 고수했다. 고위직에 있을 때

조차 직원 식당을 이용하며, 특별한 대접을 거부하는 경우가 많았다. 2022년 국무총리 재임 시절, 코로나19 방역 현장 방문 중에도 그는 인근의 평범한 식당에서 소박하게 식사를 해결했다. 이를 본 주변 사람들은 놀라움을 감추지 못했다.

― 지식 탐구와 평생 학습에 대한 열정

한덕수의 또 다른 중요한 특징은 끊임없는 지적 탐구심이다. 그는 바쁜 공직 생활 속에서도 꾸준히 독서하고 공부하며, 자신의 지식과 관점을 넓히는 데 게을리하지 않았다.

정부 관계자들에 따르면, 한덕수는 보고서나 브리핑 자료를 대할 때 단순 요약본만 보는 법이 없다. 항상 기초 데이터와 분석 과정을 꼼꼼히 검토하는 습관을 유지해왔다. 그런 철저함 덕분에 그의 정책 결정은 언제나 데이터와 증거 기반이라는 신뢰를 얻을 수 있었다. 서울대학교 경제학과를 졸업한 후 하버드대학교에서 석사와 박사 학위를 취득한 것만으로도 그의 학구열은 입증된다. 학위 취득 이후에도 그는 끊임없이 학문적 고민을 지속했다. 그의 독서 범위는 경제학이나 정치학 같은 전공 영역을 넘어 역사, 철학, 문학 등 인문학 전반에 걸쳐 있었다.

이처럼 폭넓은 독서는 그가 복잡한 정책 문제를 다양한 관점에서 바라보고, 균형 잡힌 해법을 설계할 수 있는 토대를 마련해주었다. 새로운 정보와 아이디어에 대한 개방성, 지속적인 자기 갱신의 자세. 이것이야말로 한덕수가 시대를 초월해 필요한 인물로 평가받는 이유 중 하나다.

― 사생활을 지키는 신중함

한덕수는 공인의 책임을 다하면서도 개인적 삶을 철저히 보호하는 신중함을 견지해왔다. 그는 공적 역할과 사생활을 명확히 구분했으며, 불필요한 언론 노출이나 가족 공개를 철저히 자제했다.

이러한 그의 태도는 단순한 개인적 성향을 넘어, 공직자로서의 원칙과 철학을 반영한다. 그는 공직자의 역할은 자신을 드러내는 것이 아니라 맡은 임무를 충실히 수행하는 것이라고 여기며, 이러한 신념에 따라 행동해왔다.

한 언론인은 회고한다.

"한덕수 전 총리는 인터뷰나 언론 노출에 적극적이지 않은 편이었습니다. 꼭 필요한 공적 사안에 대해서만 발언하고, 개인적인 이야기나 가족 관련 질문에는 매우 조심스럽게 답변했죠. 이는 그가 공적 역할과 사적 영역을 명확히 구분하는 원칙을 가지고 있기 때문이라고 생각합니다."

실제로 한덕수의 가족이나 개인 생활에 대해서는 공개된 정보가 매우 제한적이다. 그는 자신의 공직 활동이 가족의 사생활에 영향을 미치지 않도록 노력해왔으며, 이를 통해 공직자로서의 책임과 가족의 평온한 일상을 동시에 지켜왔다.

이러한 사생활 보호 원칙은 공직자는 오직 '공적 성과'로 평가받아야 한다는 한덕수의 신념을 그대로 보여준다. 그는 사적 홍보나 이미지 메이킹이 아니라, 실질적인 국정 성과로 국민 앞에 평가받기를 원했다.

— 여가와 균형 잡힌 삶

비록 개인적인 삶에 대해서는 많은 것을 드러내지 않았지만, 한덕수는 균형 잡힌 삶의 중요성을 깊이 인식하고 있었다. 바쁜 공직 생활 속에서도 그는 신체적, 정신적 건강을 유지하기 위해 꾸준히 노력해왔다. 그의 여가 활동은 단순한 휴식이 아니라, 높은 공적 책임을 감당하기 위한 자기 관리의 연장선이었다.

그가 즐기는 대표적인 여가 활동은 수영이다. 기회가 있을 때마다 수영장을 찾아 몸을 움직였고, 특히 중요한 결정을 앞두고 있을 때는 수영을 통해 생각을 정리하는 습관을 가졌다. 수영은 그에게 단순한 운동이 아니라, 복잡한 정책 문제와 국정 운영의 무게를 정리하는 명상적 시간이었다.

그를 잘 아는 한 정치인의 말을 들어보면 얼마나 자기관리가 철저한지 알 수 있다.

"한덕수 총리는 여전히 놀라운 체력을 자랑합니다. 수영장에서 레인을 50번 넘게 왕복할 정도로 꾸준한 운동을 이어가고 있죠. 겉으로는 조용하고 절제된 인상이지만, 그 내면에는 오랜 공직생활을 지탱해온 폭발적인 에너지와 집중력이 살아있습니다."

뿐만 아니라, 그는 음악 감상을 통해 정신적 평온을 유지했다. 특히 클래식 음악을 좋아해, 복잡한 국정 문제로 머리가 복잡할 때 음악을 들으며 마음의 균형을 찾았다. 이런 취미는 단순한 여흥이 아니라, 높은 스트레스 속에서도 이성적이고 균형 잡힌 판단을 유지하는 데 중요한 역할을 했다.

한덕수는 바쁜 일정 속에서도 수영, 산책, 음악 감상 같은 여가 활동을 통해 자신만의 사색과 재충전의 시간을 확보했다. 이러한 자기 관리 덕분에, 그는 수십 년 동안 고강도의 공직을 수행하면서도 지치지 않고 지속 가능한 리더십을 발휘할 수 있었다.

이러한 균형 잡힌 삶에 대한 추구는 그의 정책 철학에도 반영되었다. 경제성장과 복지균형, 환경과 개발의 조화, 현재 세대와 미래 세대 간의 책임 균형 등 한덕수는 정책을 설계할 때마다 극단이 아닌 균형을 추구했다. 이는 그의 개인적 삶과도 맞닿아 있는 신념이었다.

— 뿌리 깊은 가치관과 원칙

한덕수의 삶과 공직 생활을 관통하는 핵심 가치는 바로 공공선(公共善) 이다. 자신의 이익이나 정치적 명예보다, 공동체와 국가의 이익을 최우선으로 삼아왔다.

그의 공직 철학은 몇 가지 뚜렷한 원칙 위에 세워져 있다.

첫째는 '실사구시(實事求是)'의 정신이다. 그는 현실을 있는 그대로 보고, 실제적인 문제 해결책을 찾는 실용주의적 접근법을 중시한다. 이는 그가 이념적 논쟁보다 실질적인 정책 결과에 더 관심을 기울이는 이유를 설명해준다.

둘째는 '균형과 조화'에 대한 중시이다. 그는 극단적인 입장보다는 중도적이고 균형 잡힌 접근법을 선호하며, 다양한 이해관계의 조화를 추구한다. 이러한 가치관은 그가 네 명의 다른 성향의 대통령 하에서 일할 수 있었던 원동력이기도 하다.

셋째는 '청렴과 책임'이다. 그는 공직자로서의 청렴함과 책임감을 최우선의 가치로 여기며, 이를 몸소 실천해왔다. 그의 검소한 생활 방식과 엄격한 공·사 구분은 이러한 가치관의 실천적 표현이다.

넷째는 '국가와 미래에 대한 책임감'이다. 그는 단기적 성과나 인기보다 국가의 장기적 발전과 미래 세대에 대한 책임을 중요시한다. 이러한 가치관은 그가 정치적으로 인기가 없더라도 필요하다고 판단되는 정책을 추진하는 용기를 갖게 했다.

이러한 뿌리 깊은 가치관은 한덕수가 시대가 변해도, 정권이 바뀌어도, 자신의 원칙을 꿋꿋이 지켜낼 수 있었던 이유다. 그는 유행을 좇지 않고, 자신만의 신념과 기준으로 공직 생활을 일관되게 이끌어왔다.

한덕수의 가장 큰 약점과 그 극복 방안

정치적 선택에서 진정한 지혜는 후보의 장점만 보는 것이 아니라, 약점까지 냉정하게 평가하는 데서 비롯된다. 모든 리더는 강점과 함께 약점도 가지고 있으며, 한덕수 역시 예외가 아니다. 그의 약점을 직시하고 이를 어떻게 극복할 수 있을지 분석하는 것은, 그를 지지할지 결정하는 중요한 근거가 될 수 있다.

이 분석에서는 한덕수의 가장 큰 약점들을 솔직하게 분석하고, 각 약점에 대한 현실적인 극복 방안을 모색해보고자 한다. 이러한 분석은 단순히 약점을 합리화하기 위한 것이 아니라, 그의 리더십이 실제 국정 운영에서 어떤 도전에 직면할 수 있는지, 그리고 이를 어떻게 보완할 수 있는지에 대한 진지한 성찰이다.

― 낮은 인지도와 대중 소통 역량의 한계

50년에 가까운 공직 경력에도 불구하고, 한덕수는 일반 국민들에게 상대적으로 덜 알려져 있다. 다른 정치인들이 미디어 노출과 대중적 이미지 구축에 많은 시간을 투자하는 동안, 그는 주로 실무와 정책 집행에 집중해왔다.

특히 그의 소통 스타일은 논리적이고 이성적이지만, 때로는 감성적 공감대 형성에 한계를 보인다. 2022년 총리 시절 청년·노동계와의 소통 과정에서 나타난 불협화음은 이러한 한계를 보여준 사례다. "비현실적 요구"라고 노동계를 평가한 발언은 갈등을 심화시키는 결과를 낳았으며, 이는 그의 논리적 접근이 때로는 공감 능력의 부족으로 이어질 수 있음을 시사한다.

또한 그는 SNS나 유튜브 같은 새로운 미디어 플랫폼 활용에도 익숙하지 않다. 현대 정치에서 이러한 플랫폼은 국민과 직접 소통하는 중요한 채널이 되었으나, 한덕수는 이 영역에서 다른 후보들에 비해 뒤처진 모습을 보인다.

이러한 소통 역량의 부재는 단순한 이미지의 문제를 넘어 실질적인 국정 운영의 효과성에도 영향을 미칠 수 있다. 현대 민주주의 사회에서 국민과의 소통은 정책의 설명과 설득, 지지 기반 형성, 그리고 사회적 합의 도출을 위해 필수적이다. 따라서 이는 반드시 극복해야 할 심각한 약점이다.

특히 총선과 대선이라는 정치적 과정을 거쳐야 하는 현실에서, 대중 소통 능력의 한계는 곧 정치적 생존과 직결된다. 아무리 뛰어난 정책과 비전을 가지고 있더라도, 이를 효과적으로 전달하지 못한다면 국민적 지지를 얻기 어렵다. 최근 여러 선거에서 보여지듯, 소통 능력은 선거의 당락을 좌우하는 핵심 요소가 되었다.

더욱이 위기 상황에서의 소통 역량은 국가 리더십의 핵심 요소다. 코로나19 팬데믹 상황에서 각국 지도자들의 소통 방식이 국민의 신뢰와 위기 대응 효과성에 결정적 영향을 미쳤음을 우리는 목격했다. 한덕수가 자신의 강점인 위기 관리 능력을 실제로 발휘하기 위해서는 위기 소통 역량의 강화가 필수적이다.

비판적 관점에서 보면, 한덕수의 소통 한계는 그의 성격이나 일시적 상황이 아닌, 오랜 관료 경험에서 형성된 근본적 특성일 수 있다. 폐쇄적인 관료 조직 내에서 주로 활동해온 경험은 전문성은 키워주었지만, 다양한 사회 계층과 소통하는 능력 발달에는 제한적이었을 가능성이 크다. 이는 단기간에 극복하기 어려운 구조적 한계일 수 있다.

극복 방안으로는 네 가지를 제안할 수 있다.

1) 진정성 기반 소통 전략 구축: 한덕수의 강점인 전문성과 신뢰성을 바탕으로, 과장된 퍼포먼스가 아닌 진솔한 소통 방식을 발전시켜야 한다. 트위터의 오바마 전 대통령이나 유튜브의 머스크처럼 자신만의 스타일을 찾는 것이 중요하다. 이는 자신의 약점을 인정하고 장점을 전면에 내세우는 접근법으로, 전통적 정치인과는 차별화된 소통 전략이 될 수 있다.

2) 정책 설명회와 타운홀 미팅 정례화: 다양한 계층의 국민들과 만나고, 그들의 목소리를 직접 듣는 기회를 확대해야 한다. 특히 청년, 노동자, 소상공인 등 다양한 사회 계층과의 현장 소통을 강화해야 한다. 이 과정에서 단순히 말하기보다는 '듣기'에 중점을 두어, 실질적인 피드백을 정책에 반영하는 모습을 보여주는 것이 중요하다.

3) 미디어 소통 전문가팀 구성: 효과적인 메시지 전달과 이미지 관리를 지원받아야 한다. 핵심 메시지를 쉽고 공감되는 방식

으로 전달하는 훈련과, 온라인 플랫폼을 효과적으로 활용하는 방안을 모색해야 한다. 이때 중요한 것은 '자연스러움'이다. 지나치게 가공된 이미지는 오히려 신뢰를 떨어뜨릴 수 있으므로, 한덕수의 본래 모습을 존중하면서도 효과적으로 전달하는 균형을 찾아야 한다.

4) 공감 능력 강화 프로그램 참여: 다양한 계층의 정서와 요구를 이해하고 공감하는 능력을 키워야 한다. 이는 단순한 PR 전략이 아니라, 다양한 국민의 삶과 고충을 진정으로 이해하기 위한 노력이다. 이를 위해 다양한 사회 경험, 문화적 체험, 그리고 심리학적 훈련을 포함한 종합적인 접근이 필요하다.

그러나 이러한 노력에도 불구하고, 소통 역량의 한계는 여전히 그의 가장 큰 약점으로 남을 가능성이 높다. 따라서 보완적 전략으로, 뛰어난 소통 능력을 갖춘 인사들을 주요 직책에 배치하여 '팀으로서의 소통 역량'을 강화하는 방안도 고려해야 한다. 즉, 개인의 약점을 팀의 강점으로 상쇄하는 접근이 필요하다.

— 정치적 기반의 부재

한덕수는 오랜 관료 경력에도 불구하고 정당 정치에 직접 참여한 경험이 제한적이며, 특정 정당이나 정파에 속한 정치인으로서의 정체성이 약하다. 이는 정치적 의사결정과 국정 운영에 있어 안정적인 지지 기반을 확보하기 어렵게 만드는 요소다.

특히 그의 경력은 주로 행정부와 국제기구에서 쌓아온 것으로, 국회에서의 활동이나 당내 정치 경험이 부족하다. 이는 입법부와의 협력이 필수적인 정책 추진 과정에서 한계로 작용할 수 있다. 실제로 국무총리 재임 시기에도 여당과의 관계 설정에 어려움을 겪었던 사례가 있다.

또한 그는 특정 지역이나 계층의 확고한 지지 기반을 갖추지 못한 상태다. 정치적 네트워크와 조직적 지지 기반이 약하다는 점은 선거 과정에서 큰 약점으로 작용할 수 있으며, 당선 이후에도 국정 운영의 추진력을 약화시킬 수 있는 요소다.

이러한 정치적 기반의 부재는 현대 민주주의 체제에서 극복하기 매우 어려운 구조적 한계다. 한국의 정치 시스템은 강력한 정당 중심으로 운영되며, 국회의 협조 없이는 어떠한 정책도 실현하기 어렵다. 따라서 정당과 의회 내 지지 기반 없이는 아무리 좋은 정책이라도 입법화하기 어려우며, 이는 한덕수의 국정 운영이 직면할 가장 큰 도전이 될 것이다.

더욱 우려되는 점은, 한국 정치의 양극화가 심화된 현실에서 '중립적' 인사가 실질적인 정치력을 발휘하기 어렵다는 것이다. 여야 모두와 일정 거리를 유지하는 접근은 이상적으로 들릴 수 있으나, 실제로는 '어느 쪽의 지지도 확보하지 못하는' 결과로 이어질 가능성이 크다. 최근 한국 정치 역사에서 정당 기반 없이 성공한 대통령의 사례를 찾기 어렵다는 점은 이를 뒷받침한다.

또한 선거 과정에서의 경쟁력도 심각한 문제다. 아무리 좋은 비전과 자질을 갖추고 있더라도, 선거 캠페인을 효과적으로 운영할 조직과 자원이 없다면 당선 가능성은 낮아진다. 한덕수는 기존 정당의 지지를 받거나, 새로운 정치 세력을 단기간에 조직해야 하는 어려운 과제에 직면할 것이다.

이를 극복하기 위해서는 네 가지 방안을 추진해야 한다.

1) 초당적 연합의 구축: 한덕수의 중도적 성향과 여러 정부에서의 경험은 진보와 보수를 아우르는 초당적 연합을 구축하는 데 활용될 수 있다. 특히 정파적 갈등에 지친 국민들에게 '협치'의 상징으로 자리매김할 수 있다. 이는 기존 정당 정치의 한계를 넘어서는 새로운 정치 모델을 제시할 수 있으나, 현실적으로 양대 정당의 기득권을 침해하는 이러한 접근이 성공할 가능성은 제한적이다.

2) 정책 중심의 지지 기반 확보: 특정 정당이나 지역에 의존하지 않고, 정책 의제별로 지지 세력을 구축하는 전략이 필요하다. 경제 성장, 사회 안전망, 환경 등 주요 의제별로 전문가와 시민사회의 네트워크를 구축해야 한다. 그러나 이러한 이슈 기반 정치(issue-based politics)는 한국의 정치 현실에서 아직 충분한 영향력을 갖지 못하고 있다는 점에서 한계가 있다.

3) 시민 참여형 거버넌스 구축: 전통적인 정당 정치의 한계를 뛰어넘는 시민 참여형 정치 모델을 제시할 필요가 있다. 디지털 플랫폼을 활용한 정책 제안 및 의견 수렴 시스템을 구축하여, 정

당 기반 없이도 국민과 직접 소통하는 채널을 확보해야 한다. 이는 새로운 정치 문화를 형성할 수 있는 혁신적 접근이지만, 기존 정치 세력의 저항과 제도적 한계로 인해 단기간에 실현하기는 어려울 것이다.

4) 독립 인사들의 연합체 형성: 기존 정당 정치에 환멸을 느끼는 독립적 전문가, 시민 활동가, 지역 리더들과의 연대를 통해 새로운 형태의 정치적 기반을 구축할 수 있다. 이는 '새로운 정치'에 대한 갈망을 가진 유권자들에게 호소력을 가질 수 있다. 그러나 이러한 연합체가 실질적인 정치 세력으로 성장하기 위해서는 상당한 시간과 자원이 필요하며, 한국의 정치 제도 하에서는 원내 진입 자체가 큰 도전이 될 것이다.

정치적 기반의 부재라는 약점은 한덕수가 직면한 가장 심각한 도전 중 하나로, 이를 단기간에 완전히 극복하기는 어려울 것이다. 따라서 보다 현실적인 접근은 이러한 약점을 인정하고, 기존 정치 세력과의 전략적 협력을 통해 최소한의 정치적 기반을 확보하는 동시에, 정책의 전문성과 국민과의 직접 소통을 강화하여 제한된 여건에서도 최대한의 효과를 끌어내는 방향이 될 것이다.

─ 카리스마의 부족

한덕수는 대중적 카리스마보다는 실무형 리더십을 갖춘 인물로 평가받는다. 그의 말과 행동은 대중의 감성을 자극하고 열광을 이끌어내기보다 이성적이고 차분한 특성을 보인다. 이는 대중정치 시대에 유권자들의 지지를 확보하는 데 불리하게 작용할 수 있다.

특히 그의 연설이나 공개 발언은 정책적 내용은 충실하나, 청중의 감성을 사로잡거나 강한 인상을 남기는 데는 한계가 있다. 대중매체 시대에 '한 줄 명언'이나 '인상적인 퍼포먼스'가 정치적 영향력 확대에 중요한 요소로 작용하는 현실에서, 그의 차분하고 논리적인 스타일은 대중의 관심을 끌기 어려울 수 있다.

또한 위기 상황에서 대중에게 희망과 용기를 불어넣는 영감적 리더십 발휘에도 제한이 있을 수 있다. 국가적 위기나 재난 상황에서는 논리적 대응 능력 외에도 국민들에게 심리적 안정과 결속감을 제공하는 능력이 중요한데, 이 부분에서 한덕수는 상대적으로 약점을 보일 수 있다.

그의 '기술관료적' 이미지는 전문성과 신뢰성 측면에서는 강점이지만, 유권자들과의 정서적 유대감 형성에는 장애물로 작용할 수 있다. 현대 정치에서 유권자들은 단순히 능력 있는 리더가 아니라, 자신들의 고충과 희망에 공감하는 '인간적인' 지도자를 원하는 경향이 있기 때문이다.

카리스마의 부족은 현대 민주주의 정치에서 심각한 약점으로 작용할 수 있다. 정치학자 막스 베버(Max Weber)는 카리스마적 권위를 정당한 지배의 세 가지 유형 중 하나로 규정했으며, 특히 위기나 전환의 시기에 카리스마적 리더십이 중요한 역할을 한다고 지적했다. 실제로 역사적으로 많은 성공적인 국가 지도자들—윈스턴 처칠, 프랭클린 루즈벨트, 찰스 드골 등—은 강력한 카리스마를 통해 국민을 단결시키고 위기를 극복했다.

한국 정치의 맥락에서 보면, 역대 성공적인 대통령 후보들은 대부분 일정 수준 이상의 카리스마를 보유했다. 최근의 선거 결과들은 정책이나 경험보다 후보자의 이미지와 대중적 호소력이 투표 결정에 더 큰 영향을 미친다는 것을 보여준다. 이런 점에서 한덕수의 카리스마 부족은 선거 경쟁력에 직접적인 타격이 될 수 있다.

더욱 우려되는 것은, 당선 이후의 국정 운영에서도 카리스마의 부재가 심각한 한계로 작용할 수 있다는 점이다. 대통령의 리더십은 단순히 행정부를 관리하는 것을 넘어, 국민의 지지와 에너지를 동원하여 변화를 이끌어내는 역할을 포함한다. 카리스마가 부족한 지도자는 주요 개혁 과제나 사회적 변화를 추진할 때 필요한 국민적 지지를 동원하기 어려울 수 있다.

또한 분열된 사회를 통합하는 데 있어서도 카리스마적 리더십은 중요한 자산이다. 단순한 행정적 조율을 넘어, 국민들에게 공동의 비전과 가치를 제시하고 이를 향한 열망을 불러일으키는 능력은 사회 통합을 위해 필수적이다. 한덕수의 차분하고 이성적인 접근은 이러한 정서적 통합의 측면에서 한계를 보일 수 있다.

특히 위기 상황에서의 소통은 국가 리더십의 핵심 요소다. 세월호 참사, 코로나19 팬데믹과 같은 국가적 위기 상황에서 국민들은 단순한 정보 전달을 넘어선 정서적 위로와 희망의 메시지를 필요로 한다. 한덕수가 보여온 실무 중심적 접근은 이러한 위기 상황에서 국민의 마음을 움직이고 공동체 의식을 강화하는 데 충분하지 않을 수 있다.

이런 약점을 극복하기 위해서는 다음의 전략을 활용해야 한다.

1) 역발상 전략 활용: 화려한 카리스마보다 차분하고 안정적인 리더십이 필요한 시대라는 메시지를 강조해야 한다. "지금은 열광보다 안정이 필요한 시대"라는 슬로건을 통해, 한덕수의 스타일을 약점이 아닌 시대적 요구에 부합하는 강점으로 전환할 수 있다. 그러나 이런 접근이 성공하기 위해서는 국민들 사이에 안정에 대한 열망이 카리스마에 대한 욕구보다 강해야 하는데, 이는 일반적인 선거 심리와 배치될 수 있다. 특히 젊은 유권자들은 여전히 변화와 개혁을 상징하는 카리스마적 리더십에 더 큰 매력을 느끼는 경향이 있다.

2) 스토리텔링 강화: 한덕수의 개인적 경험과 성장 과정, 국가를 위한 헌신의 스토리를 감동적으로 전달할 필요가 있다. 그의 인간적인 면모와 가치관을 부각시켜, 기술관료적 이미지를 넘어서는 입체적 인물상을 구축해야 한다. 이는 효과적인 전략이 될 수 있지만, 한덕수 자신이 개인적 이야기나 감정을 공유하는 것을 꺼리는 성향이 있다면 실행에 어려움이 있을 수 있다. 또한 지나치게 조작된 이미지는 오히려 '진정성 없음'이라는 역효과를 낳을 수 있다.

3) 진정성 있는 소통 방식 개발: 화려한 레토릭보다 솔직하고 진심 어린 소통 방식을 개발해야 한다. 소규모 타운홀 미팅이나 1:1 대화 같은 포맷에서 그의 진정성과 경청하는 자세를 부각시키는 것이 효과적일 수 있다. 이는 그의 실제 강점인 '경청'과 '문제 해결 능력'을 활용하는 접근법이나, 그런 소규모 포맷으로는 대중적 인지도와 지지를 단기간에 크게 높이기 어렵다는 한계가 있다.

4) 위기 소통 역량 강화: 국가적 위기나 재난 상황에서의 소통 방식을 특별히 훈련할 필요가 있다. 정확한 정보 전달과 함께 공감과 연대의 메시지를 효과적으로 전달하는 능력을 개발해야 한다. 이는 실질적인 훈련과 연습을 통해 일정 부분 개선될 수 있지만, 타고난 카리스마를 완전히 대체하기는 어려울 수 있다.

이러한 노력에도 불구하고, 카리스마의 부족은 한덕수가 직면한 근본적 약점으로 남을 가능성이 높다. 따라서 보완적 전략으로, 자신의 실제 강점인 전문성, 위기 관리 능력, 시스템 중심 사고를 더욱 부각시키고, 카리스마적 소통이 필요한 상황에서는 적절한 대리인을 활용하는 방안도 고려해야 한다. 이는 자신의 핵심 강점에 집중하면서, 약점은 팀 차원에서 보완하는 실용적 접근법이다.

— 개혁 이미지의 부재

한덕수는 관료 출신으로 기존 체제 내에서 성장하고 활동해 온 인물이다. 이러한 배경은 그에게 '체제 내부자' 혹은 '기득권층'이라는 이미지를 부여할 수 있으며, 근본적인 변화와 개혁을 추구하는 유권자들에게는 매력적으로 다가오지 못할 수 있다.

특히 그의 경력은 주로 경제 관료와 총리로서 정부의 기존 정책을 실행하는 역할이었지, 기존 체제에 도전하거나 혁신적인 변화를 주도한 경험은 상대적으로 제한적이다. 이는 현재의 정치·경제 시스템에 불만을 가진 유권자들이 그를 '변화의 주체'로 인식하기 어렵게 만든다.

또한 기존 정부들에서 요직을 역임했다는 점은 그가 추진했던 정책의 결과에 대한 책임을 묻는 비판에 취약하게 만든다. 특히 경제 불평등 심화나 사회적 양극화 같은 구조적 문제들이 그의 재임 기간 동안 진행되었다는 비판에 직면할 수 있다.

더불어 한덕수의 온건하고 점진적인 성향은 급진적 변화나 과감한 개혁을 요구하는 시대적 목소리와 괴리될 수 있다. 특히 젊은 세대들 사이에서는 기존 체제에 대한 근본적인 변화를 요구하는 목소리가 커지고 있는데, 이런 흐름 속에서 그의 점진적 접근 방식은 시대에 뒤처진 것으로 인식될 위험이 있다.

이 약점은 단순한 이미지의 문제를 넘어 실질적인 정치적 지지 기반 형성에 중대한 장애물이 될 수 있다. 현대 민주주의에서 '변화'와 '개혁'은 가장 강력한 정치적 화두이며, 특히 위기나 불확실성의 시기에는 현상 유지보다 변화를 약속하는 후보가 더 큰 지지를 받는 경향이 있다. 이는 최근 한국의 여러 선거 결과에서도 확인된 패턴이다.

더욱 심각한 점은, 한덕수의 관료 경험이 오히려 역효과를 낼 수 있다는 것이다. 한국 사회에서 '관료주의'는 종종 부정적인 의미로 사용되며, 비효율성, 경직성, 현상유지 성향 등과 연관된다. 특히 젊은 세대들에게 '오랜 관료 경험'은 '낡은 시스템의 일부'로 인식될 위험이 크다. 이는 그가 가진 실질적인 전문성과 경험의 가치를 훼손시킬 수 있는 심각한 인식의 문제다.

구체적인 정책 측면에서도, 한덕수가 관료로서 참여했던 이전 정부의 정책들이 현재의 사회경제적 문제―양극화, 주거 불안, 청년 실업 등―를 해결하지 못했다는 비판에 취약하다. 야당이나 경쟁 후보들은 "이전 정부에서 해결하지 못한 문제를 같은 사람이 어떻게 해결할 수 있을까?"라는 의문을 제기할 가능성이 높다.

또한 한국 사회의 구조적 문제들―재벌 중심 경제, 부동산 불평등, 교육 격차 등―에 대한 근본적 해결책을 제시하기 위해서는 기존 시스템에 대한 비판적 시각과 과감한 개혁 의지가 필요하다. 그러나 기존 체제 내에서 성공한 인물인 한덕수가 이러한 급진적 개혁을 추진할 것이라고 유권자들이 믿기는 어려울 수 있다.

이를 극복하기 위해서는,

1) 시스템 개혁가로의 포지셔닝: 급진적 변화가 아닌, 시스템 내에서의 실질적인 개혁과 혁신을 추구하는 이미지를 구축해야 한

다. "화려한 구호보다 실질적인 변화"라는 메시지를 통해, 그의 실용적 개혁 성향을 부각시킬 필요가 있다. 이러한 메시지는 급진적 변화에 대한 불안과 점진적 변화의 한계 사이에서 균형을 찾는 유권자들에게 호소력을 가질 수 있다. 그러나 이러한 접근이 실제로 효과를 거두기 위해서는, 구체적이고 설득력 있는 개혁 비전과 시스템 변화의 청사진을 제시해야 한다. 특히 '어떻게' 변화를 이끌어낼 것인지에 대한 현실적이고 구체적인 방법론이 중요하다.

2) **과거 개혁 사례 부각:** 한덕수가 과거 정부에서 추진했던 개혁적 정책이나 국제기구에서의 혁신적 활동들을 발굴하고 부각시켜야 한다. 그의 경력 중에서 개혁적 요소들을 재조명함으로써, 개혁가로서의 면모를 강화할 수 있다. 다만, 이러한 접근은 과거 사례가 충분히 설득력 있고 현재의 문제 해결에 직접적으로 연관될 때만 효과적이다. 또한 과거의 개혁 시도가 실패했거나 불완전했다면, 오히려 그의 개혁 능력에 대한 의문을 증폭시킬 수 있는 위험이 있다.

3) **미래지향적 개혁 어젠다 개발:** 디지털 전환, 기후변화 대응, 사회 안전망 확충 등 미래지향적 개혁 의제들을 적극적으로 개발하고 제시해야 한다. 특히 기존 체제의 한계를 인정하고 이를 극복하기 위한 구체적 방안을 제시함으로써, 개혁 의지를 표명할 필요가 있다. 이를 통해 관료 출신이라는 배경을 단점이 아닌 장점으로 전환할 수 있다. 그러나 이런 접근의 성공은 그가 제시

하는 개혁 의제가 얼마나 혁신적이고 실현 가능한지, 그리고 기존의 관료적 사고틀을 얼마나 뛰어넘을 수 있는지에 달려있다.

4) 시민사회와의 협력 확대: 개혁적 시민사회 단체, 전문가 그룹과의 협력을 통해 개혁 의제를 공동으로 발굴하고 추진하는 모습을 보여야 한다. 이는 그의 개혁 의지에 대한 신뢰성을 높이는 동시에, 다양한 개혁 세력과의 연대 가능성을 열어줄 수 있다. 그러나 이러한 협력이 단순한 정치적 제스처가 아닌 진정한 파트너십으로 인식되기 위해서는, 시민사회의 비판적 의견까지도 수용하고 반영하는 열린 자세가 필요하다.

이러한 노력에도 불구하고, '개혁 이미지의 부재'는 한덕수가 극복하기 가장 어려운 약점 중 하나일 수 있다. 특히 급격한 변화를 원하는 유권자들에게는 여전히 '충분히 개혁적이지 않다'는 인식이 남을 가능성이 크다. 따라서 더 현실적인 접근은, 모든 유권자를 만족시키려 하기보다 그의 실제 강점인 '실용적 개혁가'로서의 정체성을 명확히 하고, 이에 공감하는 중도 성향의 유권자들을 중심으로 지지 기반을 확장하는 전략이 될 것이다.

― 세대 소통의 한계

한덕수는 1940년대생으로, 젊은 세대 특히 20-30대와의 자연스러운 소통과 공감대 형성에 한계가 있을 수 있다. 세대 간 경험과 가치관의 차이는 그가 청년 세대의 고충과 열망을 충분히 이해하고 공감하는 데 장애물로 작용할 수 있다.

특히 디지털 네이티브 세대인 청년들의 문화적 코드와 소통 방식, 사회적 의제에 대한 접근법은 한덕수 세대와 상당한 차이가 있다. 이는 청년 정책을 수립하고 소통하는 과정에서 오해와 불협화음을 야기할 수 있는 요소다.

또한 현재 한국 사회에서 세대 갈등이 첨예한 상황에서, 고령의 지도자가 세대 통합적 리더십을 발휘하기 어렵다는 우려가 제기될 수 있다. 청년 실업, 주거 문제, 연금 개혁 등 세대 간 이해관계가 충돌하는 의제들에서 특히 이러한 한계가 드러날 가능성이 높다.

더불어 청년 세대의 낮은 투표율과 정치 참여율을 고려할 때, 청년층과의 소통 한계는 선거에서 지지율 확보에도 불리하게 작용할 수 있다. 젊은 유권자들의 정치적 관심과 참여를 이끌어내기 위해서는 그들의 언어로 소통하고 공감대를 형성할 수 있는 능력이 필요하다.

세대 간 소통의 한계는 현대 정치에서 가장 중요한 도전 중 하나이다. 한국 사회에서 세대 갈등은 단순한 문화적 차이를 넘어 주택, 일자리, 연금, 교육 등 핵심 자원의 분배를 둘러싼 실질적 갈등으로 발전하고 있다. '세대 전쟁'이라는 표현이 등장할 정도로 세대 간 인식과 이해관계의 차이가 커지고 있는 상황이다.

특히 한국의 청년 세대(20-30대)는 고용 불안정, 주거비 부담, 교육비 증가 등 이전 세대와 다른 경제적 어려움에 직면해 있다.

이들은 '수저계급론', 'N포세대', '헬조선' 등의 용어로 자신들의 현실을 표현하며, 기성 세대가 이러한 어려움을 제대로 이해하지 못한다고 느끼는 경우가 많다.

한덕수와 같은 1940년대생 지도자는 자신의 청년기에 산업화와 경제 성장을 경험했으며, '노력하면 성공할 수 있다'는 가치관을 형성했을 가능성이 크다. 이러한 경험적 배경은 현재 청년들이 직면한 구조적 불평등과 기회 부족에 대한 공감을 어렵게 만들 수 있다. 간극은 단순한 세대 차이가 아니라, 근본적으로 다른 사회경제적 환경에서 비롯된 인식의 차이이다.

디지털 문화와 소통 방식의 차이도 중요한 도전 요소이다. 청년 세대는 소셜 미디어, 온라인 커뮤니티 등을 통해 소통하며, 밈(meme), 숏폼 콘텐츠, 인플루언서 문화 등 독특한 디지털 문화 코드를 발전시켜왔다. 이러한 소통 방식을 이해하지 못하는 지도자는 청년들과 효과적으로 소통하기 어려울 뿐 아니라, 때로는 의도치 않게 괴리감을 심화시킬 수 있다.

정책적 측면에서도, 세대 간 이해관계 충돌은 리더십의 중대한 도전 요소다. 예를 들어, 국민연금 개혁, 주택 정책, 노동 시장 규제 등에서 청년 세대와 기성 세대는 종종 상반된 이해관계를 가진다. 한덕수와 같은 고령의 지도자가 이러한 이슈에서 청년 세대의 이익을 적절히 대변할 수 있을지에 대한 의구심이 자연스럽게 제기될 수 있다.

가장 우려되는 점은, 이러한 세대 간 소통 한계가 청년 세대의 정치적 소외와 무관심으로 이어질 수 있다는 것이다. 이미 한국의 청년 세대는 다른 연령층에 비해 투표율이 낮은 경향을 보이며, 정치에 대한 냉소와 불신을 표현하는 경우가 많다. 기성 정치인들이 자신들의 목소리를 대변하지 못한다고 느낄 때, 이러한 정치적 소외는 더욱 심화될 수 있다.

이를 위해 다음과 같은 극복 방안을 고려해볼 수 있다:

1) **'세대 통합 메시지 개발'**: 세대 갈등을 조장하는 것이 아니라, 세대 간 상생과 공존을 강조하는 메시지를 개발해야 한다. "모든 세대가 함께 번영하는 대한민국"과 같은 통합적 비전을 제시하고, 이를 실현하기 위한 구체적 정책들을 함께 제시해야 한다. 이러한 접근은 이념적으로는 옳지만, 실질적인 자원 배분과 정책 우선순위 설정에서 세대 간 갈등이 불가피한 상황에서는 구체성이 부족할 수 있다. 따라서 단순한 수사를 넘어, 세대 간 상생을 위한 구체적이고 실질적인 타협안과 정책 모델을 제시할 필요가 있다.

2) **'청년 중심 정책 개발'**: 청년 일자리, 주거 안정, 교육 개혁 등 청년 세대의 현실적 문제 해결에 초점을 맞춘 정책들을 개발하고 강조해야 한다. 이 과정에서 청년 당사자들의 참여와 의견 수렴이 필수적이다. 그러나 이러한 정책들이 진정성 있게 받아들여지기 위해서는, 단순한 선거용 공약이 아닌 실현 가능한 방

안으로 인식되어야 한다. 특히 청년들은 이전 정부들의 유사한 약속들이 충분히 이행되지 않았다는 경험을 갖고 있기 때문에, 정책의 구체성과 실행 가능성을 강조하는 것이 중요하다.

3) **'청년 자문단 구성'**: 다양한 배경의 청년들로 구성된 자문단을 구성하여, 정책 수립과 소통 전략 개발에 적극 활용해야 한다. 이는 청년들의 목소리를 직접 듣고 반영하는 통로가 될 수 있으며, 세대 간 소통의 장벽을 낮추는 데 도움이 될 수 있다. 그러나 이런 접근이 '청년 토큰화'나 표면적인 참여에 그치지 않기 위해서는, 청년 자문단의 의견이 실제 정책 결정 과정에 실질적으로 반영되는 메커니즘이 갖추어져야 한다. 또한 다양한 배경과 관점을 가진 청년들이 포함되어야 하며, 자문단이 특정 청년 엘리트 집단에 한정되지 않도록 주의해야 한다.

4) **'멘토링과 역멘토링 프로그램'**: 한덕수 본인이 청년들에게 경험과 지혜를 전수하는 멘토링과 함께, 청년들로부터 디지털 문화와 트렌드를 배우는 '역멘토링' 프로그램을 운영할 필요가 있다. 이는 상호 학습과 이해를 통해 세대 간 소통을 강화하는 실질적 방안이 될 수 있다. 이런 프로그램이 실효성을 갖기 위해서는 지속적이고 진정성 있는 상호작용이 필요하며, 일회성 이벤트나 형식적인 만남으로 그쳐서는 안 된다. 실질적인 세대 간 이해와 소통 능력 향상을 위해서는 장기적이고 체계적인 접근이 필요하다.

이러한 노력에도 불구하고, 세대 소통의 한계는 한덕수가 직면한 가장 근본적인 도전 중 하나로 남을 가능성이 높다. 특히 청년 세대의 투표율이 높아지고 정치적 목소리가 강화되는 추세 속에서, 이 약점은 선거에서 중대한 불리함으로 작용할 수 있다.

따라서 보다 현실적인 접근은, 이러한 한계를 인정하고 청년층과의 소통을 위한 '제도적 메커니즘'을 구축하는 것이다. 이는 개인적 차원의 소통 능력 개선뿐 아니라, 정부 구조 내에 청년들의 목소리가 정책에 반영될 수 있는 공식적인 경로를 마련하는 것을 의미한다. 예를 들어, 청년 관련 정책 수립 과정에 청년 대표 참여 의무화, 청년 영향 평가 제도 도입, 청년 부처 신설 등의 제도적 방안을 통해 개인적 한계를 보완하는 전략이 필요하다.

한덕수의 약점들은 분명 극복해야 할 과제들이다. 그러나 이러한 약점들은 그의 강점과 비교할 때, 충분히 극복 가능한 수준이다. 특히 탄핵 이후의 혼란기라는 특수한 상황에서는 그의 강점이 더욱 빛을 발할 수 있다. 한덕수의 약점들은 정상적인 선거에서는 불리할 수 있다. 그러나 탄핵 이후의 비상시국에서는 역설적으로 그의 강점이 더 중요해질 수 있다. 국민들이 화려한 카리스마보다 안정적인 리더십을, 급진적 변화보다 시스템의 복원을 원한다면, 한덕수는 충분히 경쟁력이 있는 사람이다.

흥미로운 것은 한덕수의 약점들이 특정 상황에서는 오히려 강점으로 작용할 수 있다는 점이다. 예를 들어, 그의 '비정치인적' 이미지는 정치에 대한 불신이 높은 상황에서 오히려 신선하게 다가올 수 있고, '카리스마 부족'은 정치적 안정을 원하는 시기에 신뢰감으로 받아들여질 수 있다. 또한 '개혁 이미지 부재'는 급진적 변화보다 안정적 회복을 원하는 유권자들에게는 장점이 될 수 있다.

결국 한덕수가 자신의 약점을 얼마나 효과적으로 관리하고 강점으로 전환할 수 있는지가 관건이다. 이를 위해서는 약점에 대한 정직한 인식과, 자신의 진정한 강점을 극대화하는 전략적 접근이 필요하다. 특히 현재의 정치적 상황과 국민적 요구를 정확히 파악하고, 이에 맞는 리더십 스타일을 보여줄 수 있다면, 그의 약점들은 큰 장애물이 되지 않을 수 있다.

헌법재판관 임명과 권한 행사의 정당성 문제

한덕수의 리더십을 논할 때 최근 불거진 헌법재판관 임명 논란을 짚고 넘어갈 필요가 있다. 2024년 12월, 대통령 권한대행으로서 한덕수는 헌법재판관 3인 임명을 강행했고, 이는 정치권과 법조계에서 상당한 논란을 일으켰다. 야당은 "대통령 권한대행의 월권"이라며 강하게 비판했고, 일부 언론은 "내란 세력의 꼭두각시", "국민 앞에 사죄해야 한다"는 표현까지 사용했다.

이 사안에 대해서는 두 가지 상반된 견해가 존재한다. 한쪽에서는 헌법과 법률에 명시된 대통령 권한대행의 직무 범위를 벗어났다고 비판하며, 중요한 인사권은 차기 대통령의 몫이어야 한다고 주장한다. 반면 다른 쪽에서는 헌법재판소의 공백 방지와 헌법적 가치 수호를 위한 불가피한 결정이었다고 옹호한다.

한덕수 자신은 "법치주의와 헌법 가치 수호를 위한 결단이었다"고 설명했지만, 이러한 접근이 정치적 합의와 조율을 중시하는 그의 리더십 철학과 일견 충돌하는 것처럼 보이는 것도 사실이다. 이는 '원칙'과 '조율' 사이에서 때로는 어려운 선택을 해야 하는 리더의 딜레마를 보여준다.

이 사례는 한덕수의 리더십이 갖는 두 가지 측면을 동시에 보여준다. 한편으로는 헌법과 법치를 중시하는 원칙주의자로서의 단호함과, 다른 한편으로는 정치적 합의 도출에 한계를 드러낸 조율가로서의 약점이다. 이러한 경험은 그가 대통령이 된다면 국회와의 협치, 정치적 소통, 갈등 조정 능력을 더욱 강화해야 할 필요성을 시사한다.

한덕수가 국무총리로 재직하던 시기에 노동계와의 관계에서 불거진 몇 가지 논란은 그의 사회적 갈등 조정 능력의 한계를 보여주었다는 지적이 있다. 2023년 노동계와의 협상 과정에서 "비현실적 요구"라는 발언은 노동계의 강한 반발을 샀으며, 이로 인해 사회적 대화가 일시적으로 단절되는 상황이 발생했다.

또한 재난 대응과 관련하여 "국민이 스스로 책임져야 한다"는 취지의 발언은 일부 시민들에게 공감대를 형성하지 못했다는 비판을 받았다. 이러한 사례들은 때로 한덕수의 실용적이고 합리적인 접근이 대중의 정서나 심리적 요구와 괴리될 수 있음을 보여준다.

한 노동 전문가는 지적한다.

"한덕수 총리는 경제적 합리성과 실행 가능성을 중시하는 접근법을 견지하지만, 때로는 이해관계자들의 감정적, 정서적 측면을 충분히 고려하지 못하는 경향이 있습니다. 이는 사회적 갈등 조정에서 한계로 작용할 수 있습니다."

이러한 한계를 극복하기 위해 한덕수는 대통령이 된다면 '정책의 합리성'과 '국민의 정서적 공감대 형성' 사이의 균형을 더욱 세심하게 고려해야 할 것이다. 특히 노동계, 시민사회 등 다양한 사회 주체들과의 소통 방식을 개선하고, 전문가적 관점과 일반 국민의 체감 사이의 간극을 좁히는 노력이 필요하다.

이를 위해 그는 '현장 중심 소통 체계'를 강화하고, 정책 결정 과정에 다양한 이해관계자들의 참여를 확대하며, 정책 전달 방식을 좀 더 공감대를 형성할 수 있는 방향으로 개선할 필요가 있다. 이러한 보완이 이루어진다면, 한덕수의 뛰어난 정책 설계 능력이 실질적인 사회적 합의와 효과적인 정책 실행으로 이어질 가능성이 더욱 높아질 것이다.

역설적 매력: 정치적 약점이 현시대에는 가장 큰 장점

정치에서는 종종 역설적인 상황이 발생한다. 한덕수의 경우, 일반적인 정치 상황에서는 약점으로 작용할 수 있는 특성들이 현재와 같은 특수한 상황에서는 오히려 가장 큰 장점으로 부각될 수 있다.

첫째, 그의 '비정치인적 이미지'는 일반적인 선거에서는 약점일 수 있지만, 정치 불신이 극에 달한 현 상황에서는 오히려 장점이 될 수 있다. 최근 여론조사에 따르면, 국민의 76%가 "기존 정치인들에 대한 불신이 크다"고 응답했다. 이런 상황에서 정치인이 아닌 국가 관리자로서의 한덕수의 이미지는 오히려 신선하게 다가올 수 있다.

둘째, 그의 '소음 없는 스타일'은 주목을 끌기 어려울 수 있지만, 정치적 소음과 갈등에 지친 국민들에게는 오히려 매력적으로 다가올 수 있다. 특히 과거 '싸우는 대통령'들로 인한 피로감이 큰 상황에서, 조용하지만 효과적인 리더십 스타일은 국민들에게 안정감을 줄 수 있다. 온라인 커뮤니티나 SNS를 중심으로 많은 국민이 정치권의 소음과 갈등에 피로감을 느끼고, 화합을 이끌어내는 리더를 원한다고 말한다. 이는 한덕수의 소음 없는 리더십이 현 시대에 오히려 경쟁력이 될 수 있음을 보여준다.

셋째, 그의 '기술관료적 이미지'는 일반적으로 매력적이지 않을 수 있지만, 현재의 복합적 위기 상황에서는 오히려 필요한 자질이 될 수 있다. 외교, 안보, 경제 등 다양한 위기가 복합적으로 발생하는 상황에서는 감성적 호소보다 전문적 역량이 더 중요하기 때문이다. 코로나19 위기 당시 전문가들의 역할이 부각되었듯이, 현재의 복합적 위기 상황에서도 전문성과 경험을 갖춘 리더십의 중요성이 커지고 있다. 한덕수의 기술관료적 이미지는 이런 상황에서 오히려 강점이 될 수 있다.

넷째, 그의 '중도적 성향'은 일반적인 선거에서는 지지층 결집에 불리할 수 있지만, 극심한 양극화 상황에서는 오히려 장점이 될 수 있다. 현재 한국 사회는 진보와 보수의 극단적 대립으로 인해 사회 통합이 어려워진 상황이다. 이런 상황에서 중도적 성향의 리더는 사회 통합과 화합을 이끌어내는 데 더 적합할 수 있다. 온라인 커뮤니티 중심으로 많은 국민이 극단적 이념 대립이 국가 발전을 저해한다고 인식하고, 중도적 리더의 필요성을 강조하는 목소리가 많아졌다는 점은 한덕수가 대안으로 떠오를 수 있는 공간이 있다는 것이다.

다섯째, 그의 '개인적 야망의 부재'는 일반적으로는 정치적 추진력을 약화시킬 수 있지만, 현재와 같은 혼란기에는 오히려 장점이 될 수 있다. 개인적 야망보다 국가의 안정과 발전을 우선시하는 리더십은 국가적 위기 상황에서 더욱 중요하기 때문이다. 역사적으로 볼 때, 국가적 위기 상황에서는 종종 개인적 야망보다 국가의 안정을 우선시하는 리더들이 중요한 역할을 했다. 한덕수의 이런 성향은 현재의 혼란기에 오히려 적합한 리더십 스타일일 수 있다.

이런 맥락에서 한덕수의 약점은 전략적으로 보완해나가야 할 것이다. 특히, '정치적 기반의 부재'는 꼭 곱씹어야 할 지점이다. 그는 정당 정치에 참여한 경험이 없으며, 특정 정당이나 정파의 조직적 지지 기반을 갖고 있지 않다. 이는 선거에서의 조직적 지원뿐만 아니라, 당선 이후 국정 운영 과정에서도 중대한 도전 요소가 될 수 있다.

현대 민주주의에서 대통령의 정책 실현은 의회의 협력 없이는 불가능하다. 한국의 정치 환경에서 여소야대 상황은 흔히 발생하며, 이 경우 대통령의 정책 아젠다를 실현하기 위해서는 여야 정당과의 효과적인 협상과 조율이 필수적이다. 그러나 정당 소속이 없고 정치적 기반이 약한 대통령은 이러한 협상에서 취약한 위치에 놓일 수 있다.

한 정치학자는 경고한다.

"한덕수와 같이 정치적 기반이 약한 대통령은 초기에는 '초당적 리더'로서 환영받을 수 있지만, 실제 국정 운영 과정에서는 정책 실현을 위한 정치적 지지를 확보하는 데 어려움을 겪을 가능성이 높습니다. 특히 논쟁적이거나 개혁적인 정책을 추진할 때 이러한 한계가 더욱 두드러질 수 있습니다."

실제로 이러한 우려는 한덕수가 대통령 권한대행으로 활동하는 과정에서도 부분적으로 확인되었다. 헌법재판관 임명, 특검법 공포 등의 사안에서 그는 정치적 합의를 이끌어내지 못했고, 결국 단독 결정으로 인한 정치적 갈등을 초래했다.

이러한 한계를 극복하기 위해서는 다음과 같은 구체적 전략이 필요하다.

첫째, '초당적 국가 전략 위원회'의 설치다. 이는 여야 정당, 시민사회, 전문가 그룹이 참여하는 정책 협의 및 조정 기구로, 주요 국가 의제에 대한 초당적 합의를 도출하는 역할을 담당한다. 특히 저출산·고령화, 에너지 전환, 복지 개혁 등 장기적이고 구조적인 과제에 대해서는 이러한 초당적 접근이 필수적이다.

둘째, '여야 인사의 균형 있는 내각 구성'이다. 내각과 청와대 주요 직책에 여야 인사를 균형 있게 임명함으로써, 정치적 포용성을 높이고 여야 정당과의 소통 채널을 다양화할 필요가 있다. 이는 정책의 초당적 정당성을 높이는 동시에, 여야와의 협상 과정에서 정치적 레버리지를 확보하는 데 도움이 될 것이다.

셋째, '정책연합의 전략적 구축'이다. 개별 정책마다 그 실현을 위한 맞춤형 정책연합(policy coalition)을 구축하는 전략이 필요하다. 모든 정책에서 모든 정당의 지지를 얻기는 어렵지만, 정책별로 이해관계가 일치하는 정당, 시민단체, 이익집단들과 연합을 형성한다면 정치적 기반 부재의 한계를 부분적으로 극복할 수 있다.

이런 전략들을 통해 한덕수는 자신의 정치적 기반 부재라는 약점을 보완하고, 정책 실현의 실효성을 높일 수 있을 것이다. 그러나 이러한 전략의 성공 여부는 결국 한덕수 자신의 정치적 유연성과 협상 능력, 그리고 우리 정치 환경의 성숙도에 달려 있다는 점을 인식해야 한다.

또한 한덕수의 가장 주목할 만한 약점 중 하나는 '기술관료적 리더십'이 갖는 본질적 한계다. 즉, 카리스마가 부족하다는 것이다. 그는 정책의 설계와 집행, 위기관리에서 탁월한 능력을 보여 왔지만, 국민적 열망을 하나로 모으고 사회적 비전을 제시하는 영감적 리더십 측면에서는 상대적 약점을 드러낸다는 지적이 있다.

한 정치 전문가는 "한덕수의 '합리성'과 '효율성' 중심 접근은 행정 시스템 운영에는 강점이지만, 다양한 사회적 갈등을 조정하고 국민적 공감대를 형성하는 데는 한계가 있을 수 있다"고 평가한다. 특히 분열된 사회를 통합하고, 국민들에게 희망과 비전을 제시하는 '상징적 리더십'의 측면에서 부족함이 지적된다.

이러한 한계는 정책의 실효성에도 영향을 미칠 수 있다. 아무리 합리적이고 잘 설계된 정책이라도, 국민적 지지와 이해 없이는 성공적으로 실행되기 어렵기 때문이다. 정책의 실질적 효과는 그 내용만큼이나, 얼마나 많은 국민들이 그 필요성과 가치를 이해하고 공감하느냐에 달려 있다.

이러한 한계를 극복하기 위해서는 다음과 같은 보완 전략이 필요하다.

첫째, '정책 공감 프로젝트'의 도입이다. 복잡한 정책을 국민들이 이해하기 쉽게 설명하고, 그 필요성과 효과를 공감할 수 있도록 하는 체계적인 소통 프로그램을 운영할 필요가 있다. 특히 전문가적 관점을 일반 국민의 관점으로 '번역'하는 과정을 강화해야 한다.

둘째, '현장 중심의 국정 운영'이다. 청와대나 정부 청사에서 정책을 결정하기보다, 현장을 직접 방문하고 당사자들의 목소리를 듣는 과정을 국정 운영의 기본 원칙으로 삼아야 한다. 이는 정책의 현실 적합성을 높이는 동시에, 국민과의 심리적 거리를 좁히는 데 기여할 것이다.

셋째, '소통 전문가 그룹'의 구성이다. 뛰어난 소통 능력을 갖춘 인사들로 구성된 특별 자문단을 구성하여, 정책의 본질을 훼손하지 않으면서도 국민적 공감대를 형성할 수 있는 소통 전략을 개발하고 실행해야 한다.

이러한 보완 전략이 성공적으로 실행된다면, 한덕수의 기술관료적 강점은 그대로 살리면서도, 국민적 공감대 형성과 사회 통합이라는 측면의 약점을 극복할 수 있을 것이다.

이처럼 한덕수의 특성들은 일반적인 정치 상황에서는 약점으로 작용할 수 있지만, 현재와 같은 특수한 상황에서는 오히려 장점으로 부각될 수 있다. 그럼에도 그의 태생적 한계들은 반드시 확인하고 넘어가야 할 것이다. 그렇지 않으면 무심코 지나친 자신의 약점이 가장 큰 문제로 불거질 가능성이 높다.

하지만 이런 위기 때마다 기회로 만든 것이 한덕수가 가진 역설적 매력이다. 정치는 상황과 맥락에 따라 강점과 약점이 뒤바뀔 수 있다. 한덕수의 특성들은 평상시에는 정치적 약점으로 작용할 수 있지만, 현재와 같은 국가적 위기 상황에서는 오히려 가장 큰 장점이 될 수 있다. 이것이 바로 그가 지금 주목받는 이유다.

인간 한덕수가 보여주는 리더십의 본질

한덕수의 리더십은 단순한 기술이나 경험이 아니다. 그는 깊은 인격적 토대 위에 구축된 리더십을 가진 인물이다. 검소함과 청렴함은 그를 신뢰받는 공직자로 만들었고, 지적 탐구심과 평생 학습 자세는 복잡한 문제를 해결할 수 있는 유연성과 통찰을 제공했다.

사생활과 공적 영역의 명확한 구분은 그가 공직자로서 일관된 윤리를 지켜낼 수 있었던 힘이었다. 균형 잡힌 삶에 대한 신념은 정책 설계에서도 조화와 지속 가능성을 강조하는 태도로 이어졌다. 무엇보다, 그의 리더십은 진정성에 뿌리를 두고 있다. 그는 말과 행동이 일치했고, 내면의 가치와 외적 행동 사이에 괴리가 없었다.

이러한 진정성이야말로 그가 다양한 이해관계자, 심지어 정치적 반대자들까지 설득할 수 있었던 원천이다.

물론 한덕수에 대한 평가가 항상 긍정적이지만은 않았다. 일부에서는 그의 신중하고 조율 중심적인 리더십이 때로는 결단력 부족으로 비칠 수 있다는 지적도 있다. 또한 공직 퇴임 후 대형 로펌 등 민간에서의 활동에 대해 '전관예우' 논란이 제기된 것도 사실이다.

그러나 중요한 것은 그가 민간에서의 경험을 다시 공직에 돌아왔을 때 국가 이익을 위한 협상력과 전문성으로 전환했다는 사실이다. 이는 오히려 한국이 필요로 하는 공공-민간 영역을 아우르는 통합적 시각을 가진 리더십의 한 모델을 보여준다. 특히 민간과 공공의 협력이 더욱 중요해지는 현대 국정 운영에서, 이러한 다양한 경험은 오히려 강점으로 작용할 수 있다.

인간 한덕수에 대한 이해는 그가 왜 지금 한국에 필요한 리더인지를 더 깊이 파악하는 데 도움을 준다. 그의 검소함과 청렴함, 지적 균형과 평생 학습 자세, 공과 사의 명확한 구분, 균형 잡힌 삶의 추구, 그리고 뿌리 깊은 가치관과 원칙은 현재 한국 사회가 필요로 하는 리더십의 핵심 요소들과 일치한다.

정치적 양극화와 사회적 갈등이 심화된 현 상황에서, 한덕수와 같이 균형 잡힌 시각과 조율 능력을 갖춘 리더는 사회 통합과 국가 발전에 큰 기여를 할 수 있다. 또한 정치에 대한 국민 신뢰가 저하된 상황에서, 그의 진정성과 일관성은 정치에 대한 신뢰를 회복하는 데 도움이 될 수 있다.

'인간 한덕수'에 대한 이해는 결국 '왜 지금 한덕수인가'라는 질문에 대한 또 다른 답이 된다. 그가 적합한 이유는 단순히 그의 경력이나 전문성 때문만이 아니라, 그의 인격과 가치관이 현재 한국 사회가 필요로 하는 리더십의 본질적 요소들을 담고 있기 때문이다.

시대가 요구하는 리더

지금 대한민국은 특별한 리더를 요구하고 있다. 정치적 대립과 사회적 갈등이 극단에 치달은 이 시점, 국민이 원하는 것은 더 이상 '싸우는 정치인'이 아니다. 대한민국이 지금 필요로 하는 것은 국가 시스템을 안정시키고, 사회를 통합하며, 실질적 문제를 해결할 수 있는 '조율자'다.

화려한 언변이나 강렬한 카리스마보다, 실제 국정을 운영해본 경험, 정책을 설계하고 조정할 수 있는 능력, 위기 상황에서도 국가를 안정시킬 수 있는 힘이 절실히 필요한 순간이다. 한덕수는 바로 이 시대적 요구에 부합하는 인물이다.

그의 50년 공직 경력, 네 명의 대통령을 보좌하며 축적한 경험, 주요 경제·외교 위기 상황에서 보여준 실질적 리더십은 어느 정치인도 쉽게 따라올 수 없는 독보적 자산이다. 특히 한덕수의 리더십은 '조용한 조정자' 스타일로, 극단적 갈등을 부추기지 않고, 다양한 이해관계를 조율하며 합리적 합의를 이끌어내는 데 초점을 맞춘다.

그는 갈등을 즐기지 않는다. 협력을 중시하며, 조정을 통해 문제를 해결해나간다. 정치적 수사에 기대지 않고, 실질적 결과와 성과로서 국민 앞에 평가받기를 원한다. 한덕수의 정책 중심적 접근법은 지금 대한민국에 특히 절실하다. 그는 이념이나 진영 논리에 매몰되지 않고, 국가의 실질적 문제를 해결하기 위해 데이터 기반, 실용주의적 접근을 일관되게 추구해왔다.

무엇보다도, 한덕수는 스스로를 정치인이 아니라 '국가 관리자'로 정의한다. 그는 정치적 영광이나 개인적 성공을 목표로 삼지 않는다. 오직 국가 시스템의 안정적 작동과 국민의 삶 개선이라는 본질적인 목표에 집중한다. 이러한 성향은 '시스템 복원자'로서 현재 대한민국이 필요로 하는 리더십과 정확히 맞닿아 있다.

국가 시스템이 정치적 대립과 사회 갈등으로 인해 마비된 지금, 그 어떤 화려한 정치인보다도 국가를 차분히 복원할 수 있는 숙련된 관리자가 필요하다. 한덕수는 그 역할에 가장 적합한 인물이다.

그렇다면 왜 하필 지금 한덕수인가? 이는 단순히 그의 경력 때문만이 아니다. 그가 가진 리더십의 방향성과 현재 대한민국이 직면한 위기의 본질이 정확히 맞아떨어지기 때문이다. 정치적 대립과 사회적 피로가 극에 달한 이 시점에, 우리는 다시 묻지 않을 수 없다.

"지금 이 시대에, 시스템을 복원하고, 국가를 조율할 수 있는 리더가 누구인가?"

이 질문에 답할 수 있는 인물은 많지 않다. 그리고 그 답은 점점 명확해진다. 그 누구도 아닌, 한덕수다. 한덕수는 단지 경험이 많아서가 아니다. 그는 위기 상황에서 갈등 대신 조율을, 정쟁 대신 시스템 안정을, 이념 대신 실용을 선택해온 인물이다. 이것이야말로 지금 대한민국이 절실히 필요로 하는 리더십이다.

정치 피로가 극에 달한 시대, 제도가 국민에게 줄 수 있는 마지막 기회를 놓치지 않기 위해서는 정치인이 아닌 국가 관리자를, 싸우는 대통령이 아닌 조율하는 대통령을 선택해야 한다. 여러 전문가들과 언론들은 한덕수의 오랜 행정 경험과 실용적 리더십이 지금이 위기 상황에서 가장 필요한 자질과 정확히 일치한다고 평가한다.

한덕수는 50년 공직 경력, 네 명의 대통령을 성공적으로 보좌한 실전 경험, 시스템 중심의 사고와 관리 역량을 통해 대한민국이 새로운 도약을 준비하는 데 핵심적 역할을 할 수 있는 인물이다.

그의 가치는 수많은 직함이 아니라, 시스템을 복원하고, 국가를 재설계할 수 있는 실질적 역량에 있다. 지금 대한민국이 선택해야 할 것은 승리도, 대결도 아니다.

"국가 시스템의 복원" 그리고 이 거대한 과제를 가장 신뢰할 수 있게 완수할 수 있는 리더, 그 누구도 아닌, 한덕수가 아닐까.

제4장

원칙과 균형의 리더십
그가 국가를 운영하는 법

위기의 현장에서 단련된 실천적 지혜

한덕수의 국정 철학은 학문적 배경과 실전 경험이 독특하게 융합된 산물이다. 서울대 경제학과 수석에 가까운 성적과 하버드 박사 학위라는 학문적 기반 위에, 50년 공직 경험의 현장 감각이 더해졌다. 특히 세 번의 국가적 위기―1997년 외환위기, 2008년 글로벌 금융위기, 2020년 코로나19 팬데믹―는 그의 철학에 결정적 영향을 미쳤다.

이런 위기 상황에서 그가 보여준 대응 방식을 분석하면, 그의 국정 철학이 어떻게 작동하는지 더 구체적으로 이해할 수 있다. 예를 들어, 1997년 외환위기 당시 통상교섭본부장으로서 한덕수는 어떤 결정을 내렸는가? 당시 그는 국제금융기구와의 협상 과정에서 이념적 고집보다는 실용적 해법을, 단기적 자존심보다는 장기적 생존을 선택했다. 이는 그의 실용주의적 접근을 보여주는 대표적 사례다.

또한 그의 국정 철학이 정치적 수사가 아닌 실천적 원칙임을 보여주는 것은 다양한 성향의 정부에서 보여준 일관된 태도다. 진보 정부(김대중, 노무현)와 보수 정부(이명박, 윤석열) 모두에서 그는 동일한 원칙―실용주의, 균형과 조화, 시스템 중심 사고―을 견지했다. 이는 그의 철학이 특정 정치 이념이 아닌, 국가 운영의 보편적 원리에 기반하고 있음을 증명한다.

한덕수의 국정 철학이 가진 현대적 의미는 무엇일까? 지금 한국 사회는 극단적 이념 대립과 정책 불연속성으로 인한 사회적 비용이 커지고 있다. 이런 상황에서 그의 '시스템 중심 사고'는 단순한 행정 효율성을 넘어, 국가 운영의 새로운 패러다임을 제시한다. 특히 '당장의 성과'보다 '장기적 지속성'을 중시하는 그의 접근은 정권 교체마다 정책이 요동치는 현실에 대한 대안이 될 수 있다.

국제적 사례와 비교해보면 한덕수의 접근법은 독일의 메르켈이나 싱가포르의 리콴유와 유사한 점이 있다. 이들 모두 이념보다 실용을, 갈등보다 조율을, 개인보다 시스템을 중시했다. 이는 한덕수의 국정 철학이 한국적 맥락에만 국한된 것이 아니라, 성공적인 국가 운영의 보편적 원리와 맞닿아 있음을 시사한다.

결국 한덕수의 국정 철학은 격변하는 현대 사회에서 더욱 그 가치를 발휘할 수 있다. 예측 불가능한 위기와 복잡한 갈등이 일상화된 오늘날, 그의 균형 잡힌 실용주의와 시스템 중심 사고는 단순한 과거의 유산이 아닌, 미래를 위한 나침반이 될 수 있기 때문이다.

'조용한 리더십'의 본질과 실천 원칙

한덕수의 리더십은, 한 마디로 정의하자면 '조용한 리더십(quiet leadership)'이다. 이는 단순히 그의 말투나 성격이 조용하다는 의미를 넘어, 그가 추구하는 리더십의 본질과 방향성을 함축하는 개념이다. 화려한 언변이나 대중의 시선을 사로잡는 퍼포먼스보다는 실질적인 성과와 신뢰 구축에 초점을 맞추는 리더십 스타일이다.

윤석열 정부에서 국무총리로 재직할 당시, 그는 자신의 이러한 '조용한 리더십'을 규제 혁신이라는 구체적 과제에 적용했다. '경제·행정 전문가형 총리'로서 규제 혁신을 핵심 과제로 설정하고, 규제혁신장관회의를 직접 주재하며 실질적인 변화를 이끌어 냈다. 특히 150여 명 규모의 규제혁신추진단을 구성하여 각 부처와 현장의 규제 관련 의견을 직접 수렴하고 개선하는 실질적 접근법을 택했다.

그의 '조용한 리더십'은 세 가지 핵심 원칙에 기반한다.

첫 번째 원칙은 '경청과 존중'이다. 리더십은 말하기가 아닌 듣기에서 시작된다는 게 그의 신념이다. 그가 회의실에 들어서면 가장 먼저 하는 일은 모두의 의견을 하나하나 경청하는 것이다. 자신과 다른 의견도 무시하지 않고 그 안에서 가치 있는 부분을 찾아내려 노력한다.

노무현 정부 시절, 경제부총리로 일할 때도 그는 모든 참석자의 목소리에 귀 기울였다. 이견을 가진 사람도 배척하지 않고 그 안에서 유용한 통찰을 발견하려 했다. 이런 자세는 팀 내 신뢰를 쌓고 더 풍성한 정책을 낳는 토양이 되었다.

두 번째 원칙은 '데이터와 증거 기반 의사결정'이다. 그에게 직관이나 이념적 선호는 판단의 기준이 될 수 없다. 오직 냉철한 데이터와 객관적 증거만이 의사결정의 나침반이 된다. 정책을 결정하기 전 그는 항상 관련 수치를 철저히 분석하고 다양한 시나리오를 검토한다.

주미대사 시절, 한미 FTA 비준 과정에서도 그는 정확한 데이터로 무장했다. 감정에 호소하는 대신 철저한 수치와 사실로 한국의 입장을 설득했다. 이런 데이터 중심 접근은 양국 간 협상을 훨씬 더 생산적인 방향으로 이끌었다.

세 번째 원칙은 '책임과 결과 중심'이다. 과정도 중요하지만 궁극적으로는 결과가 말해준다는 게 그의 신념이다. 그는 자신의 결정에 온전히 책임을 지고, 팀원들에게도 책임감 있는 행동을 요구한다.

2022년 5월 국무총리 취임 당시, 한국 경제는 코로나19의 후폭풍과 함께 글로벌 인플레이션, 공급망 혼란, 금리 인상이라는 삼중고에 직면해 있었다. 미국 소비자물가는 9.1%까지 치솟았고, 연준은 공격적인 금리 인상에 나섰으며, 전 세계 공급망은 코로나19 봉쇄의 영향으로 혼란에 빠져 있었다.

이런 상황에서 그는 물가안정을 최우선 과제로 삼았다. "최대한 정부가 할 수 있는 모든 민생 안정 대책을 하고 있습니다. 그동안에 8번 대책을 했습니다만 이러한 인플레로부터, 물가 상승으로부터 오는 파급을 줄여보자 하는 노력을 하고 있습니다."라고 당시 그는 설명했다. 금리 상승에 따른 취약계층 보호 대책도 함께 마련했다.

'경청과 존중'의 원칙에 따라 업계, 노동계, 소비자단체 등 다양한 이해관계자들과의 간담회를 직접 주재했고, '책임과 결과 중심' 원칙에 따라 주간 물가점검회의를 정례화하고 부처별 물가안정 목표치를 설정해 꼼꼼히 점검했다.

그 결과 2023년 2분기부터 물가상승률은 점차 안정세를 찾았고, 경제성장률도 당초 전망치보다 높은 수준을 유지할 수 있었다. 한덕수의 '조용한 리더십'이 실질적인 성과로 이어진 대표적 사례였다.

이처럼 그는 '말'이 아닌 '행동'으로 리더십을 증명했다. 화려한 연설 대신 실질적인 문제 해결에 집중했고, 그 결과물로 국민의 신뢰를 얻었다. '경청과 존중', '데이터와 증거 기반 의사결정', '책임과 결과 중심'. 이 세 가지 원칙은 한덕수의 리더십 DNA를 이루는 근본 요소다. 화려한 수사나 카리스마보다 실질적 성과와 신뢰를 중시하는 그의 철학이 여기에 고스란히 담겨 있다.

위기의 순간, 한덕수의 의사결정 패턴

한덕수의 위기관리 능력은 단순한 경험의 축적이나 직관적 대응을 넘어, 체계적이고 과학적인 의사결정 패턴으로 진화해왔다. 그가 직면했던 여러 국가적 위기 상황에서의 대응을 면밀히 분석해보면, 일관되게 적용된 세 가지 독특한 의사결정 패턴이 드러난다.

한덕수의 첫 번째 의사결정 패턴은 '차분한 진단, 과감한 실행(calm diagnosis, bold action)'이다. 이는 위기 상황에서 흔히 볼 수 있는 성급한 진단과 우유부단한 실행의 함정을 모두 피하는 균형 잡힌 접근법이다.

1997년 외환위기 당시 통상교섭본부장으로서 그는 극도로 혼란스러운 상황 속에서도 감정에 휘둘리지 않고 국제금융시장의 동향부터 한국 경제의 구조적 취약성까지 냉정하게 분석했다. 당시 국제금융시장의 공황 상태와 정치적 압박 속에서도, 그는 당면한 유동성 위기와 근본적인 구조 문제를 명확히 구분하고 단계적 접근 전략을 수립했다.

진단 과정은 이처럼 차분하고 체계적이었지만, 일단 방향이 정해지면 그의 실행은 신속하고 과감했다. IMF와의 협상 과정에서 그는 필요한 결정이라면 국내 정치적 부담을 감수하고서라도 과감히 추진하는 결단력을 보여주었다. 이러한 '차분한 진단, 과감한 실행'의 패턴은 2008년 글로벌 금융위기와 2022년 코로나19 경제 위기 상황에서도 일관되게 나타났다.

특히 주목할 점은 이 패턴이 시간이 지남에 따라 더욱 정교해졌다는 것이다. 2022년 국무총리로서 물가안정과 경제 회복이라는 복합적 과제에 직면했을 때, 그는 철저한 데이터 분석을 바탕으로 인플레이션 대응과 경기 침체 방지라는 두 목표 사이의 최적 균형점을 찾아내는 더욱 체계적인 접근법을 보여주었다.

둘째, '네트워크 활용의 전략적 접근법'이다. 글로벌 금융위기 때 주미대사로서 한덕수는 미 연준, 재무부, 의회를 오가며 한국의 상황을 설명하고 협력을 이끌어냈다. 이는 단순한 외교적 노력이 아니라, 위기 상황에서 가용한 모든 네트워크를 총동원하는 전략적 접근이었다. 2022년 코로나19 대응에서도 그는 다양한 전문가 집단과 부처 간 협력을 이끌어내는 동일한 패턴을 보였다.

셋째, '데이터 기반의 실용주의'다. 한덕수의 위기 대응에는 항상 데이터가 중심에 있었다. 외환보유고, 금융시장 지표, 감염병 확산 추이 등 객관적 데이터를 바탕으로 의사결정을 내렸다. 그러나 데이터에만 의존하지 않고, 현장의 목소리를 반영하는 실용적 접근을 병행했다.

이런 의사결정 패턴은 그가 관여한 세 번의 국가적 위기—외환위기, 글로벌 금융위기, 코로나19 경제위기—를 통해 점점 더 정교해졌다. 각 위기마다 상황과 역할은 달랐지만, 그의 기본적인 접근 방식은 일관되게 유지되었다. 이는 단순한 반복된 경험이 아니라, 위기 대응의 원칙과 방법론을 지속적으로 발전시켜온 결과다.

오늘날 국가적 위기가 일상화된 시대에, 이런 검증된 위기관리 패턴의 가치는 더욱 커지고 있다. 예측 불가능한 위기에 대응하기 위해서는 즉흥적 대응이 아닌, 체계적인 위기관리 방법론이 필요하기 때문이다. 한덕수의 위기관리 방식은 그렇게 반세기에 걸친 실전에서 단련된 살아있는 매뉴얼과도 같다.

한덕수의 위기관리 의사결정 방식은 네 가지 단계로 이루어진다. 그는 어떤 위기 상황에서도 감정에 휘둘리지 않고, 구조적이고 이성적인 판단을 통해 문제를 해결하려는 태도를 견지해왔다. 이 네 단계는 다음과 같다.

첫째, '상황 파악과 문제 정의'다. 한덕수는 위기 상황에 직면했을 때, 가장 먼저 정확한 '상황 진단'에 집중한다. 감정적 반응이나 여론에 휩쓸린 섣부른 조치를 경계하며, 객관적 데이터와 전문가의 의견을 바탕으로 문제의 본질을 명확히 정의하는 데 집중한다. 그는 "잘못 정의된 문제가 잘못된 해결책을 낳는다"는 원칙을 일관되게 지켜왔다.

예컨대, 1997년 외환위기 당시 그는 통상교섭본부장과 청와대 경제수석으로서 국제금융시장의 급변하는 흐름을 정밀하게 추적했다. IMF 구제금융 논의가 막 시작되던 시점, 그는 국제금융시장의 동향, 한국 경제의 구조적 취약성, 외환보유고, 대외채무 구조, 국내 금융기관의 부실 현황 등 핵심 지표를 면밀히 분석해 위기의 구조적 성격을 파악했다. 특히 그는 단기적인 외화 유동성 위기를 넘어, 재벌 중심 경제구조와 취약한 금융 시스템이라는 근본 문제를 지적하며 구조적 개혁의 필요성을 강조했다. 이처럼 냉철한 현실 인식을 바탕으로, 그는 단기 처방이 아닌 보다 근본적이고 선제적인 대응을 관철시키려 노력했다.

한덕수 자신의 회고에 따르면, "정부 출범 당시 우리가 물려받은 경제를 봤을 때 저는 우리나라가 망할 수도 있겠구나, 그런 생각을 절실하게 했다. 우리가 물려받은 경제는 재정을 방만하게 운영해서 적자는 전 세계가 경고하는 수준이었고, 금리는 거의 10배, 3배씩 올랐으니 정상적으로 생각하면 경제가 운영될 수가 없는 그런 상황이었다." 그러나 위기 극복 과정에서 그는 한국 경제의 저력을 발견했다. "기업들이 어려운 와중에도 버티고 세계 시장에 나가 연구개발(R&D)을 계속하면서 이제는 우리 경제가 절대로 망하지 않는다는 확신을 갖게 됐다"고 그는 말했다.

둘째, '다양한 대안 검토'다. 상황을 명확히 정의한 후 그는 가능한 모든 대안을 열어놓고 비교·분석한다. 각 대안이 가져올 결과의 파급력, 실행 가능성, 예상되는 리스크와 이득을 종합적으로 고려하며, 단일 해법에 집착하지 않고 복수의 시나리오를 동시에 검토하는 특징을 보인다. 그는 이 과정을 통해 '최선의 선택'을 모색하기보다 '가장 실현 가능한 해법'을 찾아가는 데 집중한다.

이러한 접근은 특히 팬데믹 이후 방역정책 수립 과정에서도 잘 드러났다. 2022년 국무총리로 복귀한 그는 각 부처와 방역 당국, 의료 전문가들의 의견을 통합하며, 방역 완화와 지속 사이의 균형점을 찾기 위한 수차례 회의를 주재했다. 거리두기 완화, 백신 추가접종, 고위험군 보호 강화 등 복수의 정책 대안을 놓고 긴밀한 협의를 이어가며 최적의 조합을 찾아냈다.

셋째, '신속하고 결단력 있는 실행'이다. 그는 '충분한 검토 후에는 망설임 없는 실행'이야말로 위기 상황에서 가장 중요한 리더십이라고 본다. 위기 상황에서는 완벽한 해답보다 시의적절한 행동이 훨씬 더 중요한 법. 그는 대안을 분석한 후에는 책임을 피하지 않고 신속하게 결정을 내리며, 실행력 확보를 위해 필요한 부처 간 협조도 적극적으로 이끈다.

실제로 그는 코로나19 정점기 당시, 백신 수급이 불안정했던 상황에서도 외교 채널을 활용해 백신 확보를 진두지휘하고, 사회적 거리두기 완화 시점을 두고도 보건 당국과 조율하며 '국민의 피로도와 방역의 지속 가능성'을 동시에 고려한 결정을 내렸다. 그의 신속한 실행은 국정 전반의 정상화를 앞당기는 데 기여했다.

넷째, '지속적인 평가와 조정'이다. 결정을 내렸다고 해서 그 결과에 안주하지 않는다. 그는 실행 이후의 피드백 과정을 중시하며, 새로운 정보나 외부 변화에 따라 전략을 유연하게 조정할 준비를 늘 갖추고 있다. 특히 한덕수는 '불확실성을 관리하는 방식'으로서 사후 평가와 조정을 정책 결정의 필수 단계로 여긴다.

오미크론 변이가 급속히 확산되던 시기, 기존의 방역전략으로는 대응이 어렵다는 현실을 인정하고 그는 '감염자 수 억제'에서 '위중증 환자 중심 관리'로 전략을 빠르게 전환했다. 병상 확보, 의료 인력 재배치, 재택치료 강화 등 기존 대응체계를 과감히 수

정한 이 결정은 위기 속에서도 방역의 안정성과 유연성을 모두 확보하는 데 기여했다.

한덕수의 위기관리 의사결정 방식은 '냉철한 판단'과 '따뜻한 실행'의 균형이 특징이다. 그는 상황을 객관적으로 분석하되, 그 영향을 받는, 그리고 결정을 실행해야 하는 사람들의 현실적 상황도 충분히 고려한다. 이러한 균형 감각이 그의 위기관리 능력의 핵심이다.

2023년 국회 대정부질문에서의 모습은 그의 또 다른 면모를 보여주었다. 야당 의원들의 공세에 맞서 "국민을 움직이는 정치의 힘은 모욕과 능멸에 있는 게 아니다"라며 언성을 높이고 "미몽(迷夢)에서 깨어나시라"고 일갈하여 화제가 되었다. 평소 온화한 그가 국회 답변에서 강경한 태도로 응수하자 여권에서는 "50년 관료 한덕수의 재발견"이라며 그의 '철벽 총리' 면모를 부각시켰다.

반면 일부에서는 이러한 강경한 태도가 국회와의 소통에서 필요한 유연성을 저해할 수 있다는 우려도 제기했다. 그러나 한덕수에 대한 평가를 하는 사람들은 여야 없이 "원칙적 사안에서는 단호하게 대응하되, 국회와의 협력이 필요한 사안에서는 여전히 소통과 조율을 중시한다"는 게 중론이다. 이는 상황에 따라 유연하게 대응하면서도 핵심 원칙은 지키는 그의 균형 잡힌 리더십 철학을 잘 보여준다.

이는 그가 상황에 따라 유연하게 대응할 수 있는 능력을 갖추고 있음을 보여준다. 평소에는 온화하고 조율을 중시하지만, 원칙의 문제에서는 단호한 태도를 보이는 그의 리더십 스타일은 균형과 조화를 중시하는 그의 철학을 잘 반영한다. 이러한 원칙주의 리더십은 정치권의 무리한 공세를 견제하고 국정의 균형을 유지하는 데 중요한 역할을 한다.

한덕수의 위기 관리 의사결정 방식은 그의 50년 공직 경험, 특히 다양한 국가적 위기 상황에서의 경험을 통해 형성되고 검증되었다. 이는 트럼프 2기라는 새로운 도전과 각종 위기 상황에 대응해야 할 현재 대한민국에게 매우 귀중한 자산이 될 것이다.

한덕수식 조직 관리: '신뢰와 자율성의 균형'

한덕수의 리더십 철학에서 또 하나 주목할 만한 측면은 그의 독특한 조직 관리와 인재 활용 방식이다. 그와 함께 일한 다양한 관료들의 증언을 종합해보면, '신뢰와 자율성의 균형(balance of trust and autonomy)'이라는 일관된 원칙이 발견된다.

한덕수는 조직 운영에 있어 '명확한 방향성'을 제시하되, 실행 과정에서는 '충분한 자율성'을 부여하는 균형 잡힌 접근법을 취한다. 그는 대규모 조직을 이끌 때도 모든 세부 사항을 직접 통제하려 하지 않는다. 대신 큰 방향과 원칙을 분명히 세우고, 구체적인 실행은 각 분야 전문가들에게 맡기는 방식을 선호한다.

이러한 '방향성과 자율성의 균형'은 조직의 창의성과 효율성을 동시에 높이는 효과가 있다. 명확한 방향성은 조직 구성원들에게 일관된 지침을 제공하여 혼란을 줄이고, 충분한 자율성은 각자의 전문성을 최대한 발휘할 수 있는 환경을 조성한다.

한덕수의 인재 관리 철학에서 가장 두드러지는 특징은 '업무 능력 중심의 평가'다. 그는 학연, 지연, 인맥 등 외부적 요소가 아닌 순수한 업무 능력과 성과를 기준으로 인재를 평가하고 등용한다. 특히 사교성이나 인맥보다 전문성과 성실성을 높이 평가하는 경향이 있다.

이러한 능력 중심 평가는 조직 내 공정한 경쟁 문화를 형성하는 데 기여한다. 실력과 노력만으로 인정받을 수 있다는 신뢰가 형성되면, 구성원들은 불필요한 정치적 행동이나 관계 형성보다 본연의 업무 역량 향상에 집중하게 된다.

한덕수 조직 관리의 또 다른 특징은 '침묵하는 다수'의 목소리를 듣기 위한 노력이다. 그는 목소리가 크고 적극적인 소수보다, 현장에서 묵묵히 일하는 다수의 의견이 종종 더 현실적이고 가치 있다고 믿는다.

이러한 접근법은 조직 내 다양한 시각과 아이디어를 포용하는 데 도움이 된다. 침묵하는 다수의 목소리를 듣는 과정에서 종종 기존 관행의 문제점이나 정책의 사각지대가 발견되기도 한다. 이는 한덕수의 정책이 현실적이고 실효성 있게 설계되는 데 기여하는 중요한 요소다.

이처럼 한덕수의 조직 관리 철학은 '신뢰와 자율성의 균형', '업무 능력 중심의 평가', 그리고 '침묵하는 다수의 의견 존중'이라는 세 가지 원칙에 기반하고 있다. 이러한 원칙들은 그가 이끄는 조직이 창의적이면서도 효율적으로, 공정하면서도 포용적으로 운영될 수 있는 토대가 되었다.

경청과 숙의: 한덕수식 문제 해결 접근법

한덕수의 문제 해결 방식에는 두 개의 핵심 키워드가 있다. '경청'과 '숙의'. 다양한 목소리를 깊이 듣고, 충분한 토론과 심사숙고를 거쳐 최선의 해결책을 찾아가는 방식이다. 이런 접근법은 복잡한 국가적 과제들을 풀어가는 데 특히 효과적인 무기가 되어왔다.

한덕수의 문제 해결 과정은 다음과 같은 단계로 진행된다.

첫째, '다양한 이해관계자 의견 청취'다. 그는 문제 해결의 첫 단계로 해당 문제와 관련된 다양한 이해관계자들의 의견을 직접 듣는 것을 중시한다. 이는 문제의 다양한 측면을 이해하고, 잠재적 해결책의 실행 가능성을 높이는 데 도움이 된다.

노무현 정부 시절 경제부총리로서 그는 중요한 경제 정책을 결정하기 전에 경제단체, 노동계, 시민단체, 학계 등 다양한 이해관계자들과의 간담회를 자주 개최했다. 이를 통해 정책의 다양한 영향과 잠재적 문제점을 사전에 파악할 수 있었다.

둘째, '근거 기반 분석'이다. 그는 문제 해결을 위해 객관적 데이터와 증거에 기반한 철저한 분석을 진행한다. 감정이나 직관이 아닌, 사실과 데이터에 기반한 접근을 통해 보다 객관적이고 효과적인 해결책을 도출할 것이다.

주미대사 시절 그는 한미 FTA 재협상 과정에서 해당 협정이 양국 경제에 미치는 영향에 대한 철저한 데이터 분석을 진행했다. 이를 통해 협상에서 한국의 핵심 이익을 명확히 파악하고, 이를 효과적으로 방어할 수 있었다.

셋째, '숙의 과정'이다. 한덕수는 중요한 결정을 내리기 전에 관련 전문가들과 함께 충분한 토론과 숙의 과정을 거친다. 이 과정에서 다양한 관점을 통합하고, 잠재적 문제점을 식별하며, 보다 종합적인 해결책을 도출할 것이다.

국무총리 시절 그는 주요 정책 결정을 보다 신중하고 효과적으로 추진하기 위해 정책 자문단, 전문가 간담회, 실무 TF 등 다양한 논의 기구를 운영했다. 이들 기구는 관련 분야의 전문가, 시민사회 대표, 현장 실무자 등이 참여해 충분한 토론과 검토를 거쳐 정책 제안을 발전시키는 역할을 했다.

넷째, '실행과 피드백'이다. 결정된 해결책은 신속하게 실행에 옮기되, 지속적인 모니터링과 피드백을 통해 필요시 조정하는 유연성을 유지한다. 이는 문제 해결 과정을 지속적인 학습과 개선의 과정으로 보는 그의 관점을 반영한다.

코로나19 대응 과정에서 그는 방역 정책의 효과를 매일 모니터링하고, 현장의 피드백을 반영하여 필요시 정책을 신속히 조정했다. 이러한 유연한 접근법은 빠르게 변화하는 팬데믹 상황에 효과적으로 대응하는 데 큰 도움이 되었다.

한덕수의 문제 해결 방식은 '포용적 전문성'이라고 부를 수 있다. 전문가들의 지식을 존중하면서도, 다양한 이해관계자들의 현실적 필요를 포용한다. 이런 접근법은 이론적으로 정교하면서도 현실에서 실행 가능한 해결책을 찾아내는 강력한 무기다.

이런 경청과 숙의 중심의 문제 해결 방식은 현재 대한민국이 직면한 복잡한 과제들—저출산·고령화, 양극화, 에너지 전환, 미중 갈등 속 외교적 균형 등—을 풀어가는 데 특히 유효하다. 이런 복합적 문제들은 어느 한 집단이나 전문가의 시각만으로는 해결할 수 없으며, 다양한 관점을 통합하고 심층적 숙의를 거치는 과정이 필수적이기 때문이다.

한덕수의 리더십 철학과 국정 운영 원칙은 50년간의 공직 여정에서 단련된 실전의 지혜다. 교과서적 이론이 아닌, 실제 경험에서 비롯된 실용적이고 검증된 접근법이다. 특히 국가적 위기를 헤쳐 나가며 단련된 그의 의사결정 방식과 문제 해결 접근법은 현재 대한민국이 마주한 복합적 도전들을 극복하는 데 큰 자산이 될 것이다.

한덕수의 리더십은 '조용하지만 단단한 리더십'으로 정의할 수 있다. 화려한 수사나 정치적 퍼포먼스보다 실질적인 성과와 신뢰를 중시하는 그의 스타일은 정치 피로감이 극에 달한 지금, 국민들에게 새로운 희망을 제시한다.

특히 그의 '시스템 중심' 사고와 '균형과 조화'의 원칙은 분열된 사회를 하나로 모으고 국가 시스템을 다시 작동시키는 데 꼭 필요한 리더십 요소다. 정치적 수사가 아닌 실질적 해결책을, 이념적 대립이 아닌 실용적 협력을, 단기적 성과가 아닌 지속 가능한 변화를 추구하는 한덕수의 리더십은 위기의 시대에 더욱 빛을 발한다.

한덕수의 리더십은 화산처럼 폭발하는 카리스마가 아니라, 산맥처럼 묵묵히 버티는 단단함이다. 그것은 한순간의 환호보다 오랜 시간에 걸쳐 쌓이는 신뢰를, 화려한 약속보다 꾸준한 실천을 더 중요시한다. 그의 조용한 걸음 속에는 반세기 공직 생활에서 단련된 지혜와, 세 번의 국가적 위기를 헤쳐온 담대한 용기가 함께 담겨 있다.

시스템이 무너지고 갈등이 극에 달한 지금, 한덕수의 '조용한 리더십'은 역설적으로 가장 강력한 변화의 엔진이 될 수 있다. 정치적 소음에 지친 국민들에게, 그의 차분하고 현실적인 접근법은 새로운 희망이 될 것이다. 안정과 신뢰를 바탕으로 한 그의 리더십이 제7공화국의 첫 단추를 올바르게 채우는 출발점이 될 수 있을 것이다.

한덕수가 걸어온 50년의 여정은, 앞으로 대한민국이 나아가야 할 길의 소중한 지도가 될 것이다. 위기 속에서 기회를 발견하고,

갈등 속에서 조화를 찾으며, 혼란 속에서 시스템을 복원해온 그의 리더십 철학은 국가적 전환기의 귀중한 나침반이 될 것이다. 현재 대한민국에 필요한 것은 더 많은 논쟁이 아니라 더 나은 작동이며, 한덕수의 리더십은 바로 그 '작동하는 국가'를 향한 첫걸음이 될 것이다.

제5장

누가 시대의 요구에 응답하는가
주요 후보들과의 냉정한 비교

주요 후보들과의 비교

대통령 선거는 단순한 인기 투표가 아닌, 국가 지도자로서의 적합성을 다각도로 평가하는 숙의적 과정이어야 한다. 특히 대통령 탄핵 이후 치러지는 조기 대선이라는 중차대한 위기 상황은, 차기 지도자 선택에 있어 더욱 객관적이고 체계적인 접근을 요구한다. 국민들은 감정이나 이념에 휘둘리기보다, 국가를 안정적으로 이끌어갈 역량과 자질을 갖춘 인물이 누구인지 냉정하게 판단해야 할 시점이다.

이 장에서는 한덕수와 주요 대선 후보들을 도덕성, 정책 신뢰도, 위기 대응력, 외교역량, 확장성이라는 다섯 가지 핵심 기준에 따라 체계적으로 비교 분석한다. 각 기준은 다음과 같은 구체적 지표들로 세분화하여 평가할 것이다:

1. **도덕성**: 공직 윤리, 개인 청렴도,
일관된 가치관, 공과 사의 구분

2. **정책 신뢰도**: 정책의 일관성,
실현 가능성, 구체성, 데이터 기반 접근

3. **위기 대응력**: 과거 위기 관리 경험,
의사결정 체계, 리더십 발휘 사례

4. 외교역량: 국제 경험, 외교 네트워크, 협상 능력, 글로벌 이슈 이해도

5. 확장성: 다양한 정치세력과의 협력 가능성, 국민적 지지 기반, 소통 능력

이러한 다면적 평가를 통해 각 후보의 강점과 약점을 냉정하게 분석하고, 현 시대적 상황에 가장 적합한 리더는 누구인지 판단하는 근거를 제공하고자 한다.

먼저 도덕성 측면이다. 도덕성은 대통령의 기본 자질로, 이것이 훼손되면 국정 운영 전반에 심각한 문제가 발생한다. 한덕수는 50년 공직 생활 동안 주요 비리 의혹 없이 청렴한 이미지를 유지해왔다. 도덕성 측면에서 한덕수는 장기간의 공직 생활 동안 유지해온 청렴한 이미지가 가장 큰 강점이다. '전관예우' 논란은 있으나, 다른 후보들과 비교할 때 개인적 도덕성에 대한 의혹은 상대적으로 적은 편이다. 특히 네 번의 정권을 거치며 주요 스캔들에 연루되지 않았다는 점은 공직자로서의 윤리의식을 보여주는 중요한 지표다.

중요한 것은 어떤 후보도 완벽한 도덕성을 갖추지는 못했다는 점이다. 이상적인 기준보다는 현실적으로 어떤 후보가 더 신뢰할 수 있는 도덕적 판단력을 보여주었는지, 과거의 실수를 어떻게

인정하고 개선해왔는지를 종합적으로 평가하는 것이 중요하다.

다른 주요 후보들 역시 각각의 강점과 약점이 있다. (참고로, 본문에서 비교하는 A, B, C 후보는 특정 인물을 지칭하는 것이 아니다. 도덕성, 정책 신뢰도 등 항목마다 임의로 설정된 예시로, 각 항목에서 지칭하는 인물은 다를 수 있다.) A 후보는 시민운동가 출신으로 사회적 정의에 대한 신념이 돋보이지만, 일부 부동산 거래에서 논란이 제기된 바 있다. B 후보는 오랜 정치 경력 동안 개인적 비리 의혹은 적은 편이나, 측근들의 비위 사건이 간헐적으로 발생했다. C 후보는 기업인 출신으로 검증된 경영 윤리를 강조하지만, 과거 납세 관련 논란이 있었다.

다음은 정책 신뢰도다. 한덕수는 경제 관료 출신으로 치밀하고 실현 가능한 정책을 중시한다. 다양한 경제 위기를 헤쳐온 경험을 바탕으로 현실적 정책을 제시하는 강점이 있지만, 일각에서는 그의 정책이 지나치게 보수적이고 위험 회피적이라는 지적도 있다.

A 후보는 진보적 가치와 복지 확대에 중점을 둔 정책을 제시하며, 특히 사회적 약자 보호에 강점을 보인다. 그러나 재원 마련 방안의 구체성이 부족하다는 비판도 있다. B 후보는 경제 성장과 일자리 창출에 초점을 맞춘 정책을 내세우며, 특히 기업 친화적 환경 조성에 강점이 있다. C 후보는 혁신과 디지털 전환을 강조하는 미래지향적 정책 비전을 제시하지만, 일부 정책의 실현 가능성에 의문이 제기된다.

위기 대응력 측면에서 한덕수는 외환위기, 글로벌 금융위기, 코로나19 등 주요 국가적 위기를 관리한 직접적 경험이 있다. 이는 그의 가장 큰 강점 중 하나다. 그러나 일부에서는 그의 위기 대응이 너무 보수적이거나 기술관료적이라는 지적도 있다.

A 후보는 지방자치단체장으로서 지역 재난과 경제 위기를 관리한 경험이 있으며, 특히 지역사회와의 소통을 통한 위기 극복에 강점을 보였다. B 후보는 국회 상임위원회에서 경제, 외교, 안보 분야 전문성을 쌓았고, 여러 국제 이슈에 대한 식견을 갖추고 있다. C 후보는 기업 경영자로서 경영 위기를 성공적으로 극복한 경험이 있으며, 혁신적 문제 해결 능력에서 강점을 보인다.

외교역량 측면에서 한덕수는 주미대사 경험과 다양한 국제 무대 활동을 통해 쌓은 외교 네트워크가 강점이다. 특히 미국과의 관계에서 전문성을 갖추고 있다. 그러나 중국, 러시아, EU 등 다른 주요국과의 외교 경험은 상대적으로 적다는 평가도 있다.

A 후보는 국제기구 근무 경험을 통해 다자외교에 강점을 보이며, 특히 UN 시스템에 대한 이해가 깊다. B 후보는 오랜 의원 경력 동안 의원외교를 통해 다양한 국가와의 네트워크를 구축했으며, 특히 아시아 지역 국가들과의 관계가 돋보인다. C 후보는 기업인 출신으로 경제외교와 통상 분야에 전문성을 갖추고 있으나, 안보 분야 경험은 상대적으로 부족하다.

마지막으로 확장성 측면이다. 이는 다양한 정치 세력 및 사회 구성원들과 협력할 수 있는 능력을 의미한다. 한덕수는 중도적 성향과 네 정부에서의 경험으로 여러 정파와 협력할 수 있는 잠재력을 갖고 있다. 그러나 특정 정당이나 지지층 기반이 없어 실제 국정 운영 과정에서 정치적 추진력을 확보하기 어려울 수 있다는 우려도 있다.

A 후보는 진보 진영의 폭넓은 지지를 받고 있으나, 보수층과의 소통에 어려움을 겪을 수 있다. B 후보는 당내 기반이 탄탄하고 정치적 경험이 풍부하지만, 특정 정파에 대한 강한 정체성으로 인해 초당적 협력에 한계가 있을 수 있다. C 후보는 정치권 밖에서의 경험을 바탕으로 새로운 관점을 제시할 수 있으나, 정치적 네트워크의 부족으로 여야와의 협력에 어려움을 겪을 수 있다.

이러한 비교 분석은 어느 후보도 완벽하지 않다는 것을 보여준다. 각 후보는 저마다의 강점과 약점을 가지고 있으며, 유권자들은 현 시대적 상황과 국가적 과제가 어떤 리더십을 요구하는지를 기준으로 판단해야 할 것이다.

한덕수에 대한 비판적 시각: 균형 잡힌 평가를 위한 도전 과제

한덕수에 대한 평가는 그의 긴 공직 생활만큼이나 다양하다. 그의 역량을 인정하는 목소리가 있는 반면, 여러 측면에서 비판적 시각도 존재한다. 균형 잡힌 평가를 위해 그동안 제기되어 온 주요 비판점들을 살펴볼 필요가 있다.

중도진영에서는 한덕수의 철학이 갖는 근본적 지향점에 대한 의문을 제기한다. 그의 경제관이 과도하게 '안정과 효율' 중심으로 형성되어 있어, 사회 구조의 근본적 변화보다는 점진적 개선에 치중할 가능성이 있다는 우려가 있다. 현재 한국 사회가 직면한 노동시장 이중구조나 사회 양극화와 같은 구조적 문제들은 효율성 개선만으로는 근본적 해결이 어려울 수 있으며, 보다 과감한 패러다임 전환이 필요하다는 것이다.

또한 그의 통상중심 경제 철학이 21세기 새로운 경제 패러다임과 충돌할 수 있다는 지적도 있다. 디지털 전환, 친환경 경제, 공유 가치 창출과 같은 새로운 경제 질서에서 전통적인 성장 모델을 넘어선 비전이 필요한 시점이다. 이는 한덕수가 실무적 역량은 뛰어나지만, 미래지향적 가치 창출에 대한 철학적 고민이 더 필요할 수 있음을 시사한다.

이러한 중도적 관점의 비판은 한덕수의 경험과 실용주의적 접근이 갖는 강점을 인정하면서도, 그의 정책 철학이 지금 시대가 요구하는 근본적인 변화와 새로운 가치 창출에 얼마나 부합하는지에 대한 질문을 던진다. 균형 잡힌 평가를 위해 그동안 제기되어 온 주요 비판점들을 살펴볼 필요가 있다.

첫째, 한덕수는 지나치게 기업 친화적인 경제 정책을 선호한다는 비판이 있다. IMF 구제금융 당시부터 노동 유연화와 재벌 중심 경제 구조를 강화하는 정책을 옹호했으며, 서민과 노동자의 권익보다 경제 효율성과 성장을 우선시했다는 지적이다. 2022년 국무총리 시절 노동계와의 갈등은 이러한 비판에 더 많은 근거를 제공했다. 특히 비정규직 문제나 노동시장 이중구조 해소에 대한 적극적 의지가 부족했다는 평가가 노동계를 중심으로 꾸준히 제기되어 왔다.

둘째, 한덕수의 정권 초월적 경력이 원칙 없는 기회주의로 해석될 여지가 있다는 비판도 있다. 김대중, 노무현, 이명박, 윤석열 정부에 이르기까지 이념적으로 상이한 정부에서 핵심 직책을 맡아왔다는 것은 특정한 정치적 신념이나 가치보다는 권력에 대한 적응력이 뛰어난 기술관료적 성향을 드러낸다는 것이다. 이는 그가 시민사회와의 소통이나 민주적 가치보다 효율성과 안정을 중시하는 경향이 있음을 보여준다는 시각도 있다.

셋째, 자유시장경제에 대한 신념이 확고하지 않다는 비판도 존재한다. 노무현 정부 시절 경제부총리로서 부동산 규제 강화와 종합부동산세 도입 등 시장 개입적 정책을 주도했으며, 위기 상황에서 정부 주도의 시장 개입을 선호하는 경향이 있다는 것이다. 이것이 단기적 위기 관리에는 효과적일 수 있으나, 장기적 관점에서 시장 효율성과 자율성을 저해할 수 있다는 우려가 꾸준히 제기되어 왔다.

넷째, 공직자 윤리와 관련된 비판도 간과할 수 없다. 핵심 정책 결정자로 있다가 퇴직 후 대형 로펌에 고액 자문료를 받고 입사하고, 이후 다시 공직으로 복귀하는 과정에서 이해충돌 문제가 제기되었다. 이른바 '회전문 인사'의 대표적 사례로 지목되기도 하는데, 이는 공직자의 도덕성과 청렴성이라는 측면에서 의문을 제기할 수 있는 부분이다.

다섯째, 대중과의 소통 능력 부족이 가장 심각한 한계로 지적된다. 현대 정치에서 국민과 직접 교감하고 설득하는 능력은 필수적인데, 한덕수는 이 부분에서 명백한 한계를 보여왔다. 특히 2024년 대통령 권한대행 시절 헌법재판관 임명 논란 과정에서 보여준 소통 방식은 기술관료적 접근의 한계를 여실히 드러냈다. 데이터와 보고서로는 소통하지만 국민의 감성과 정서로는 소통하지 못하는 '보고서형 정치인'이라는 평가는 그가 넘어야 할 가장 큰 장벽 중 하나다.

여섯째, 변화보다는 안정을 추구하는 성향이 현 시대의 요구와 맞지 않을 수 있다는 비판도 있다. 한덕수는 정치인이 아닌 기술관료로서, 급격한 사회 변화를 이끌기보다는 현 체제의 점진적 개선과 안정적 관리에 더 적합한 인물이라는 평가다. 그러나 현재 한국 사회가 직면한 양극화, 저출산, 고령화, 기후변화, 디지털 전환 등 다양한 도전은 보다 과감하고 혁신적인 리더십을 필요로 할 수 있다. 확고한 신념과 국가관보다는 상황에 따라 유연하게 대응하는 스타일로, 위기 관리에는 적합할지 모르나 국가 비전을 제시하는 데는 한계가 있을 것이라는 지적도 있다.

이러한 다양한 비판적 시각은 한덕수가 대통령이 될 경우 직면할 도전과 과제를 잘 보여준다. 흥미로운 점은 이런 비판들이 서로 상충되는 측면이 있다는 것이다. 한편에서는 '너무 친기업적'이라고 비판하는 반면, 다른 쪽에서는 '충분히 시장 친화적이지 않다'고 비판한다. 이는 오히려 한덕수가 이념적 극단에 치우치지 않은 중도적 실용주의자임을 방증하는 것일 수 있다.

결국 한덕수에 대한 비판적 시각을 살펴보는 것은 우리 사회가 지금 어떤 리더십을 필요로 하는지에 대한 본질적인 질문으로 이어진다. 극심한 정치적 양극화와 위기 상황에서, 이념적 순수성과 카리스마보다 전문성과 균형감이 더 중요할 수 있다. 동시에 대중과의 소통 능력 부족, 도덕적 논란, 비전 제시 능력의 한계 같은 약점들은 한덕수가 반드시 극복해야 할 도전 과제임이 분명하다.

그런데 역설적이게도, 한덕수의 약점으로 지적되는 '소음 없는 스타일'이 현 시대에는 오히려 특별한 경쟁력이 될 수 있다. 정치적 갈등과 소음이 극대화된 지금, 조용하지만 확고한 리더십이 새로운 가치로 부상하고 있기 때문이다.

'소음 없는 리더십'이 가진 역설적 경쟁력

현대 정치 환경에서 '소음'은 종종 정치적 영향력과 동일시된다. 강력한 발언, 충격적인 표현, 미디어의 지속적인 주목, 그리고 지지자들의 열광적인 반응—이 모든 것이 정치적 경쟁력과 리더십의 증거로 여겨진다. SNS를 통해 즉각적으로 확산되는 정치적 메시지와 24시간 뉴스 사이클은 이러한 '고소음 정치(high-noise politics)'를 더욱 강화했다.

그러나 역설적이게도, 정치적 소음이 그 어느 때보다 커진 지금, '소음 없는 리더십(low-noise leadership)'이 새로운 경쟁력으로 부상하고 있다. 특히 한국의 정치 환경에서, 소음에 피로감을 느낀 국민들은 조용하지만 확고한 리더십에 새로운 가치를 부여하기 시작했다. 한덕수가 대표하는 '소음 없는 리더십'이 현 시대에 갖는 특별한 경쟁력을 분석해보자.

소음 없는 리더십의 첫 번째 경쟁력은 '신뢰'다. 화려한 언변과 자극적인 발언으로 관심을 끄는 정치인들은 단기적으로는 주목받을 수 있지만, 장기적으로는 신뢰를 잃기 쉽다. 반면, 말보다 행동으로 보여주는 한덕수 스타일의 리더십은 시간이 갈수록 더 큰 신뢰를 얻을 수 있다.

두 번째 경쟁력은 '집중력'이다. 소음을 만들어내는 정치인들은 종종 미디어 관리와 이미지 메이킹에 상당한 시간과 에너지를 소비한다. 반면, 한덕수와 같은 소음 없는 리더는 불필요한 정치적 소음에 시간을 낭비하지 않고, 실질적인 문제 해결에 더 많은 시간과 에너지를 집중할 수 있다. 한덕수는 언론 대응이나 이미지 관리에 시간을 거의 쓰지 않는다. 대신 정책 검토와 현안 파악에 하루의 대부분을 할애한다. 그 결과 그는 항상 정책 현안에 대해 깊이 있는 이해를 갖고 있었고, 이는 효과적인 의사결정으로 이어졌다.

세 번째 경쟁력은 '갈등 완화 능력'이다. 소음이 많은 정치인들은 종종 지지층을 결집시키기 위해 갈등과 대립을 조장한다. 이는 단기적으로는 지지율 상승에 도움이 될 수 있지만, 장기적으로는 사회 통합을 저해하고 국정 운영을 어렵게 만든다.

반면, 한덕수와 같은 소음 없는 리더는 불필요한 갈등을 피하고 사회적 합의를 이끌어내는 데 집중한다. 이는 분열된 사회를 하나로 모으고, 다양한 정치 세력과 협력하는 데 큰 강점이 된다. 특히 대통령 탄핵 이후 정치적 갈등이 극대화된 현 상황에서, 갈등을 완화하고 사회적 합의를 이끌어낼 수 있는 능력은 매우 중요하다. 한덕수의 소음 없는 리더십은 바로 이런 상황에서 빛을 발할 수 있다.

네 번째 경쟁력은 '국제적 신뢰성'이다. 국제사회에서는 자극적인 발언이나 극단적인 정치 스타일보다 일관성 있고 신뢰할 수 있는 리더십이 더 높게 평가된다. 특히 외교, 안보, 통상 등 국익과 직결되는 분야에서는 더욱 그러하다. 한덕수는 주미대사 시절 미국 정관계에서 높은 평가를 받았다. 이런 국제적 신뢰성은 복잡한 국제 정세 속에서 국익을 지키는 데 중요한 자산이 될 수 있다.

다섯 번째 경쟁력은 '위기관리 능력'이다. 위기 상황에서는 감정적 대응이나 정치적 계산보다 차분하고 체계적인 접근이 필요하다. 소음 없는 리더십은 바로 이런 위기 상황에서 더욱 빛을 발한다. 한덕수는 여러 국가적 위기 상황에서 차분하고 체계적인 대응으로 위기를 극복한 경험이 있다. 그의 이런 위기관리 능력은 불확실성이 높은 오늘날 더욱 중요한 자질이다.

소음 없는 리더십이 가진 이러한 경쟁력들은 역설적으로 오늘날 더욱 중요해졌다. 정치적 갈등과 소음이 극대화된 상황에서, 오히려 그 반대편에 서 있는 소음 없는 리더십이 더 큰 경쟁력을 발휘할 수 있는 것이다. 정치적 소음이 너무 많은 시대에는 역설적으로 '소음 없는 리더'가 더 주목받을 수 있다. 국민들은 이제 화려한 언변보다 실질적인 성과를, 정치적 쇼맨십보다 진정성 있는 리더십을 원하고 있다.

물론 이것이 한덕수가 항상 부드럽기만 하다는 의미는 아니다. 그는 온화하고 신중한 리더십을 지향하지만, 원칙과 상식의 문제에서는 단호하고 결연한 모습을 보인다. 특히 2023년 국회 대정부질문에서 보여준 그의 대응 방식은 언론과 정치권에서 큰 화제가 되었다.

당시 야당 의원들은 날카로운 질문과 때로는 정치적 공세를 통해 한덕수를 압박하려고 했다. 그러나 그는 그런 압박에 밀리거나 감정적으로 대응하지 않고, 침착하면서도 분명한 어조로 원칙적인 태도를 보였다. 당시 한 의원이 국무위원들의 답변을 막으려 하자 한덕수는 평소 보기 드문 강한 어조로 말했다.

"의장님께서 말씀을 안 하시는데 아니 왜 왜 저 여기 앉아 계신 분들이 답변을 하라 말라 하시죠? 의장님 그게 맞습니까."

평소 차분하고 조용한 그의 이 발언은 국회의사당 전체를 순간적으로 압도했다. 오랫동안 공직 생활을 하며 수많은 국회 질의에 대응했던 그였지만, 이날은 원칙이 지켜지지 않는 상황에 대해 더 이상 물러서지 않겠다는 결의를 보여주었다. 평소의 온화한 미소 뒤에 숨겨져 있던 단호함과 강직함이 드러난 순간이었다.

당시 박지원 의원이 한덕수 총리를 향해 "요즘 대통령이 싸우라고 하니까 국회의원들의 질문에 저돌적으로 반응하고 있어요"라고 지적하자, 한덕수는 자신만의 특유한 위트와 여유를 섞어 이렇게 답변했다.

"저 의원님 존경하고요. 의원님 하고 말레이시아에 가서 외환위기 극복하기 위해서 노력했던 거 지금도 생생하게 기억하고 있습니다. 그런 제가 왜 변합니까? 왜 변해야 됩니까!"

이 말에는 정치적 공세에 대응하면서도 상대를 존중하는 배려가 담겨 있었다. 그의 답변은 순간 긴장으로 가득했던 국회의 분위기를 누그러뜨렸고, 동시에 자신의 입장에 대한 확고함을 다시 한 번 각인시켰다.

한덕수가 가진 리더십의 강점은 바로 여기에 있다. 그는 원칙과 기본을 벗어난 행동이나 발언에 대해서는 분명하고 단호하게 대응한다. 그러나 그 과정에서도 상대를 모욕하거나 감정적으로

비하하지 않는다. 그는 상대의 인격과 품위를 존중하면서도 자신이 옳다고 믿는 원칙은 절대 굽히지 않는 태도를 견지한다. 이러한 태도는 그가 수많은 정부를 거치며 진보와 보수를 넘어 신뢰받은 핵심적인 이유 중 하나다.

평소 그의 리더십은 정치적 갈등과 소음을 최소화하고, 실질적인 문제 해결과 국민의 삶의 개선에 집중한다. 하지만 필요할 때는 흔들리지 않고 원칙을 지키기 위해 목소리를 높이고 자신의 입장을 확고히 밝히는 용기도 있다. 이런 균형 잡힌 태도가 한덕수가 가진 리더십의 독특한 매력이며, 현재 대한민국 정치에 절실히 요구되는 이유이기도 하다.

차별화 포인트: 자신의 시대를 만들려 하지 않는다

현대 정치에서 대통령은 종종 '자신의 시대'를 만들려 한다. 역사에 이름을 남기고, 자신만의 색깔을 국정에 입히며, 이전 정부와의 차별화를 통해 독자적인 업적을 쌓으려 한다. 그러나 한덕수의 가장 큰 차별화 포인트는 역설적으로 '자신의 시대를 만들려 하지 않는다'는 점이다.

한덕수는 자신의 이름을 역사에 새기거나, 개인적 영광을 추구하는 것에 관심이 없다. 그는 국가 시스템이 안정적으로 작동하도록 하는 것, 그리고 그 시스템이 국민의 삶을 실질적으로 개선하도록 하는 것에 더 관심이 있다.

이런 성향은 그의 공직 경력 전체에서 일관되게 나타난다. 1997년 외환위기 당시 그는 통상교섭본부장(1998년)으로서 대외 경제 협력과 통상 정책 조율에 기여했으며, 이후 청와대 경제수석으로서 경제 회복 전략 수립에 참여했지만, 자신의 역할을 부각시키기보다 협상 자체의 성과에 집중했다.

또한 2003년 노무현 정부에서 경제부총리로 일할 때 수립한 국가 발전 전략도 자신의 업적으로 내세우지 않았다. 2022년 코로나19 경제위기 관련 대응을 이끌 때도 의료진, 공무원, 방역 지침을 성실히 따라준 국민 모두의 공동 성과라며 공을 돌렸다.

이런 접근법은 현재 한국 정치에서 매우 독특하다. 대부분의 정치인들은 자신의 이름을 내건 정책이나 프로젝트를 추진하고, 이를 통해 정치적 지지를 확보하려 한다. 그러나 이러한 접근법은 종종 정책의 일관성과 연속성을 해치고, 국가 자원의 낭비를 초래한다.

한국 정치의 가장 큰 문제 중 하나는 정권이 바뀔 때마다 이전 정부의 정책들이 폐기되고 새로운 정책들이 도입되는 것이다. 최근 10년간 주요 국가 정책 중 정권 교체 후에도 기본 방향이 유지된 정책은 36.7%에 불과했다. 이는 정책의 일관성을 해치고 국가 발전을 저해한다. 한덕수와 같이 '자신의 시대'를 만들려 하지 않는 리더가 있다면, 이런 문제를 완화할 수 있을 것이다.

한덕수의 이런 성향은 특히 대통령 탄핵 이후의 혼란기에 더욱 중요한 의미를 갖는다. 국가적 혼란기에는 개인의 영광이나 업적보다 국가 시스템의 안정적 복원이 더 중요하기 때문이다.

또한 그의 이런 접근법은 '제7공화국'의 출범에도 적합하다. 제7공화국은 특정 개인의 시대가 아닌, 시스템과 제도가 중심이 되는 새로운 공화국이 되어야 한다. 제7공화국은 어느 한 사람의 업적이나 유산이 아니라, 국민 모두의 참여로 만들어가는 새로운 국가 시스템이 되어야 한다. 한덕수는 '자신의 시대'를 만들지 않을 것이다. 대신 그는 '시스템의 시대'를 열 것이다. 이것이 그가 다른 후보들과 차별화되는 가장 큰 포인트다.

위험 자산 vs 안전 자산: 선거의 새로운 판단 기준

글로벌 금융 시장에서는 '위험 자산(risk asset)'과 '안전 자산(safe asset)'이라는 중요한 개념이 있다. 위험 자산은 주식, 신흥국 채권, 고수익 채권, 대체 투자 등 높은 수익률을 기대할 수 있지만 그만큼 손실 위험과 변동성도 큰 자산을 의미한다. 반면 안전 자산은 국채, 금, 안정적인 통화 등 수익은 상대적으로 제한적이지만 위기 상황에서도 가치를 보존하는 안정성이 높은 자산을 말한다.

투자자들은 자신의 투자 성향, 시장 상황, 경제 전망 등을 종합적으로 고려하여 위험 자산과 안전 자산 사이의 최적 배분을 결정한다. 특히 주목할 점은 시장 불확실성이 높아지고 위기 징후가 나타날 때, 투자자들이 위험 자산에서 안전 자산으로 자금을 이동시키는 '안전자산 선호 현상(flight to safety)'이 발생한다는 것이다.

이러한 금융 개념을 정치적 선택에 적용해보면 매우 흥미로운 통찰을 얻을 수 있다. 유권자의 정치적 선택 역시 '위험 자산형 후보'와 '안전 자산형 후보' 사이의 선택으로 볼 수 있기 때문이다. 이는 단순한 비유가 아니라, 실제 정치적 역학을 이해하는 데 유용한 분석 틀을 제공한다.

정치에서 '위험 자산'에 해당하는 후보는 파격적인 공약과 강력한 카리스마를 갖추고 있어 큰 변화를 이끌어낼 가능성이 있지만, 그만큼 실패와 혼란의 위험도 크다. 반면 '안전 자산'에 해당하는 후보는 드라마틱한 변화를 약속하지는 않지만, 안정적인 국정 운영과 예측 가능한 리더십을 제공한다.

한덕수는 정치적 '안전 자산'에 해당한다. 투자 세계에서 금과 같은 안전 자산이 변동성이 낮고 장기적으로 가치를 유지하는 특성이 있듯이, 한덕수의 리더십도 극단적 변동이 없고 장기적 안정성을 제공한다. 그는 파격적인 변화나 혁명적 개혁을 약속하지 않는다. 대신 그는 국가 시스템의 안정적 작동, 정책의 일관성과 예측 가능성, 그리고 사회적 갈등의 완화를 추구한다.

한국이 국가적 위기에 직면해 있는 현 상황은 마치 세계 금융 시장이 불확실성에 직면했을 때와 유사하다. 그런 상황에서 전문 투자자들이 위험 자산보다 안전 자산에 투자하듯이, 지금 한국 사회도 안정적이고 검증된 리더십을 필요로 하고 있다. 한덕수는 바로 그런 정치적 '안전 자산'이라고 할 수 있다. 일반적인 선거에서는 유권자들이 종종 '위험 자산'형 후보에게 매력을 느낀다. 변화와 개혁에 대한 기대, 강력한 리더십에 대한 갈망이 '위험 자산'형 후보의 지지로 이어지는 것이다.

그러나 현재와 같은 특수한 상황, 즉 대통령 탄핵 이후의 혼란기에는 유권자들의 판단 기준이 달라질 수 있다. 변화와 개혁보다 안정과 회복이, 강력한 리더십보다 신중한 리더십이 더 중요해질 수 있다. 금융위기 상황에서 투자자들이 위험 자산을 매각하고 안전 자산으로 도피하는 것처럼, 정치적 위기 상황에서 유권자들은 '안전한' 후보를 선호하는 경향이 있다. 현재 한국의 상황은 정치적 위기 상황이라고 볼 수 있으며, 이런 상황에서 한덕수와 같은 '안전 자산'형 후보가 더 매력적으로 다가올 수 있다.

실제로 역사적으로 볼 때, 국가적 위기 상황에서는 종종 '안전 자산'형 리더들이 선택되었다. 미국의 아이젠하워, 독일의 아데나워, 프랑스의 드골 등은 모두 국가적 위기 상황에서 안정과 회복을 이끈 리더들이었다.

한국의 경우, 1997년 외환위기 당시 국민들은 경제 전문가로 인정받던 김대중을 선택했고, 2007년 대선에서 경제 대통령을 자임한 이명박이 당선되었고, 이후 금융위기 대응에 나섰다. 이들은 모두 당시 상황에서 '안전 자산'으로 인식된 후보들이었다.

현재 한국이 직면한 위기의 성격을 고려할 때, 유권자들의 판단 기준도 '위험 자산'에서 '안전 자산'으로 옮겨갈 가능성이 크다. 외교, 안보, 경제 등 다양한 분야에서의 복합적 위기 상황은 안정적이고 예측 가능한 리더십의 필요성을 더욱 부각시킨다. 이런 맥락에서 한덕수의 '안전 자산'적 특성은 현 시대에 오히려 강점이 될 수 있다. 그의 풍부한 경험, 검증된 역량, 그리고 안정적인 리더십 스타일은 위기 상황에서 국가를 안정적으로 이끌 수 있는 자질이다.

선거는 결국 시대적 요구와 후보자의 자질이 얼마나 일치하는가에 달려 있다. 현재 한국 사회가 안정과 회복을 원한다면, 한덕수와 같은 '안전 자산'형 후보가 더 적합할 수 있다. 이것이 바로 '왜 지금 한덕수인가'라는 질문에 대한 답이 될 수 있다.

시대가 요구하는 '조용한 혁명가'

혁명가 하면 대개 화려한 언변과 강렬한 카리스마로 대중을 열광시키는 인물을 떠올린다. 그러나 역사적으로 가장 지속적인 변화는 종종 '조용한 혁명가'들에 의해 이루어졌다. 한덕수는 바로 이러한 '조용한 혁명가'의 전형이다.

한덕수의 혁명은 그 본질에서 차별화된다. 그것은 화려한 구호나 급진적 변화가 아닌, 시스템의 정상화와 제도의 복원에 초점을 맞춘다. 그는 정치가 국가 시스템을 좌우하는 현재의 방식을 바꾸고, 시스템이 정치를 이끄는 새로운 패러다임을 구축할 것이다. 이는 겉으로 드러나지 않지만, 국가의 작동 방식을 근본적으로 변화시키는 혁명적 전환이다.

실제로 한덕수의 '조용한 혁명' 접근법은 그의 경력에서 일관되게 나타난다. 노무현 정부 시절 경제부총리로 재직할 당시 그는 '재정 준칙'을 도입해 재정 건전성을 유지하며 지속 가능한 복지와 성장의 기반을 마련했다. 또한 통상교섭본부장으로서는 정부 부처별로 분산되어 있던 통상 협상 기능을 통합·조정하는 시스템을 구축해 국가 협상력을 한 단계 끌어올렸다. 이런 변화들은 당시에는 주목받지 못했지만, 장기적으로 한국 경제의 튼튼한 기반이 되었다.

현재 한국 사회는 정권 교체에 따른 정책 단절과 정치적 혼란에 지쳐 있다. 국민들은 더 이상 거창한 구호나 급진적 변화를 갈망하지 않는다. 그들이 진정으로 원하는 것은 국가 시스템이 제대로 작동하고, 정치가 국민의 삶을 실질적으로 개선하는 것이다.

이런 맥락에서 한국 사회에 필요한 것은 '혁명적 변화'가 아닌 '혁명적 안정'이다. 국가 시스템이 안정적으로 작동하고, 정책의 일관성과 연속성이 보장되는 것—이것이야말로 지금 우리에게 필요한 진정한 혁명이다. 한덕수는 이러한 '혁명적 안정'을 가져올 수 있는 리더십을 갖추고 있다.

그의 조용한 혁명은 화려하지 않고 즉각적인 환호를 이끌어내지 않을 수 있다. 그러나 시스템과 제도의 근본적인 변화를 통해 장기적으로 더 강력하고 지속 가능한 국가 발전을 이룰 수 있다. 이것이 바로 한국이 지금 필요로 하는 진정한 혁명적 리더십이다.

그럼에도 한덕수 리더십은 도전 과제가 많다. 특히 정치적 기반 부재와 개혁 동력 부족은 현실적으로 쉽게 극복하기 어려운 구조적 한계일 수 있다. 그러나 이러한 약점들은 그의 독보적인 강점—위기 관리 능력, 검증된 도덕성, 균형 잡힌 정책 접근법—과 시대적 요구를 고려할 때, 감수할 만한 수준일 수 있다.

모든 지도자는 강점과 약점을 가지고 있다. 중요한 것은 그의 강점이 현 시대의 요구와 얼마나 일치하는가, 그리고 약점을 어떻게 보완하고 극복할 수 있는지 여부다. 한덕수의 경우, 그의 강점은 현 시대의 요구와 잘 맞아떨어지며, 약점 또한 충분히 극복 가능한 수준이다. 이것이 바로 '왜 지금 한덕수인가'라는 질문에 대한 또 다른 답이 될 수 있다.

제6장

무엇을 해야 하는가
위기를 극복할 실천적 비전

경제: 실물 기반의 통상 전략과 산업 재편

한덕수의 경제 전문성은 그의 가장 주목할 만한 강점 중 하나다. 경제 관료로 시작해 경제부총리, 국무총리, 주미대사까지 역임하며, 그는 국내외 경제 이슈에 대한 포괄적 경험을 쌓아왔다. 이러한 경력을 바탕으로, 그가 대통령이 될 경우 대한민국이 추진하게 될 경제 정책 방향 역시 어느 정도 예상할 수 있다. 본 장에서는 한덕수의 실무 경험과 경제 철학을 토대로, 그가 대통령으로서 제시하고 실현할 가능성이 높은 주요 경제 비전과 정책들을 정리한다.

이는 단순한 개인적 이론이 아니라, 50년에 걸친 실무 경험과 수차례의 경제 위기 대응을 통해 다듬어진 실천적 철학에 기초한 것이다.

그의 경제 정책은, 네 가지 핵심 축을 기반으로 한다. 첫째, '안정적 거시 운영'이다. 외환위기와 금융위기를 직접 관리한 경험에서 그는 물가와 금융 안정이 건전한 성장의 필수 토대라는 관점을 확립했다. 그는 IMF 협상 과정, 글로벌 금융위기 대응, 코로나19 이후 경제 회복 과정에서 일관되게 '혁신적 안정'을 추구했다. 그에게 '안정'은 단순한 현상유지가 아니라 지속가능한 경제 성장을 위한 기반이었다.

둘째, '통상 다변화'다. 한덕수는 내수 시장이 제한적인 한국 경제의 구조적 특성을 고려할 때, 통상이 성장의 핵심 동력이라고 판단한다. 주미대사 시절 한미 FTA 발효를 성공적으로 이끈 경험은 이러한 그의 통상 중심 전략의 실제적 성과다. 특히 주목할 점은, 그가 현재의 글로벌 공급망 재편과 미중 갈등을 위기로만 보지 않고 한국이 '전략적 중간자' 역할을 통해 경제적 이익을 극대화할 수 있는 기회로 인식한다는 점이다. 이는 도전적 환경에서도 실용적 기회를 포착하는 그의 전략적 사고를 보여준다.

이러한 경제 정책 접근법은 단기적 성과보다 장기적 경제 구조 강화에 초점을 맞추고 있으며, 글로벌 경제 환경의 변화에 유연하게 대응하면서도 경제 안정성을 유지하는 균형 잡힌 전략이다. 이처럼 한덕수는 한국 경제의 생존 전략으로 '통상 다변화'를 강조한다. 특정 국가에 지나치게 의존하지 않고, 다양한 국가 및 지역과의 경제 협력을 추구하는 전략이다. 이는 현재 글로벌 경제 환경에서 매우 현명한 접근법이다.

셋째, 산업 구조의 디지털 전환이다. 한덕수는 4차 산업혁명과 디지털 전환이 한국 경제의 미래를 좌우할 핵심 변수라고 인식하고 있다. 그는 기존 주력 산업의 디지털 전환과 함께, 신산업 육성을 통한 산업 구조 고도화를 추진할 것이다. 특히 그는 정부의 역할을 직접적인 개입보다 '시스템 조성자'로 정의한다. 정부가 산업을 직접 선택하고 육성하기보다, 기업들이 자유롭게 혁신하고 성장할 수 있는 환경을 조성하는 데 집중해야 한다는 것이다. 이에 대해 한덕수는 "정부의 역할은 특정 산업이나 기업을 선택하는 것이 아니라, 모든 산업이 디지털 혁신을 통해 경쟁력을 높일 수 있는 생태계를 조성하는 것"이라고 강조했다.

넷째, 미래를 위한 구조 개혁이다. 한덕수는 노동 시장, 교육 시스템, 규제 환경 등 한국 경제의 구조적 문제들을 해결하는 것이 장기적 성장의 핵심이라고 본다. 특히 그는 정치적 인기에 연연하지 않고 필요한 구조 개혁을 추진하는 '시스템 개혁가'로서의 면모를 보여왔다. 한덕수의 경제 정책 접근법은 '실용주의'로 요약할 수 있다. 그는 이념적 접근보다 실질적인 효과를 중시하며, 급진적 변화보다 지속 가능한 발전을 추구한다. 이는 현재 한국 경제가 직면한 복합적 위기 상황에서 더욱 중요한 접근법이다.

그의 정책적 업적을 살펴보면 이러한 실용주의적 접근이 잘 드러난다. 1990년 산업정책국장을 맡아 우리나라 산업정책에 한 획을 그은 「공업발전법」을 제정했으며, 이는 한국 산업 정책의 근간이 되었다. 노무현 정부 시절 경제부총리로서 국무총리로서 다양한 정책에 참여 설계했는데, 이는 저출산·고령화 시대에 대비한 장기 비전과 재정 운용계획을 담은 종합 국가 발전 전략이었다.

윤석열 정부에서 국무총리로 복귀한 후에는 규제혁신장관회의를 주재하여 각 분야의 규제 개선 작업을 시작했고, 규제혁신추진단을 출범시켜 적극적인 규제 개혁 드라이브를 걸었다. 2022년 하반기까지 투자 애로 해소 간담회를 수차례 열어 대기업부터 벤처·스타트업, 외국인 투자기업에 이르기까지 현장의 의견을 듣고 규제 275건을 개선했다고 보고했다.

한덕수의 정책은 화려하지 않지만 실질적인 효과를 중시하는 특징이 있다. 이는 그가 경제관료로 시작해 다양한 정부에서 경제 정책을 주도한 경험에서 비롯된 실용적이고 현실적인 관점이다.

한덕수는 자신의 경제 정책 성과에 대해 "우리 경제를 평가하는 기준이 되는 모든 부분이 이제는 다 정상화가 됐고, 앞으로는 희망이 보인다. 금리는 아직도 높지만, 희망적으로 보면 이제 금리는 내려갈 방향밖에 없다고 생각한다"고 평가했다. 또한 그는 단순한 경기부양책보다 구조적 접근을 강조하며 "정부가 내수경기를 위해 아무것도 하지 않는다는 지적은 경제를 너무 단순화시킨 발언입니다. 경제는 그렇게 돌아가지 않습니다"라고 주장했다.

실제 경제 성과에 대해서도 그는 구체적인 데이터를 바탕으로 자신감을 표현했다. "무역수지가 흑자로 돌아섰고, 올 상반기 무역수지 흑자는 역사상 가장 높은 상황. 인플레이션은 2%로 외국보다 훨씬 안정됐다"며, "세계은행은 한국을 성장의 슈퍼스타로, 영국 이코노미스트지는 10대 강국 중 한국을 물가 관리 2위 국가로 평가했다"고 밝혔다. 이는 그의 실용적이고 데이터 중심적인 경제 운영 철학을 잘 보여준다.

한 경제 전문가는 평가한다.

"한덕수의 경제 정책 비전은 화려하지 않지만 실질적입니다. 그는 경제의 기본을 강조하며, 실물 경제와 통상을 중시합니다. 이런 접근법은 최근 몇 년간 한국 경제가 겪은 혼란을 수습하고 안정적인 성장 궤도에 올려놓는 데 적합할 수 있습니다."

청년: 일자리·주거의 현실적 설계

한덕수는 청년 문제의 핵심이 일자리와 주거라고 인식한다. 그는 청년들에게 화려한 구호나 단기적 지원보다 실질적인 기회와 환경을 제공하는 것이 중요하다고 강조한다.

청년 일자리 정책에 있어 한덕수의 접근법은 크게 세 가지로 구분할 수 있다. 첫째, 산업 경쟁력 강화를 통한 '좋은 일자리' 창출이다. 그는 정부가 직접 일자리를 만드는 방식보다, 기업들이 좋은 일자리를 만들 수 있는 환경을 조성하는 것이 더 중요하다고 본다.

특히 그는 신산업 육성과 기존 산업의 고도화를 통해 양질의 일자리를 창출하는 '산업 주도형' 일자리 정책을 강조한다. 바이오, AI, 로봇, 친환경 에너지 등 미래 산업 분야에서의 경쟁력 확보가 청년 일자리 문제 해결의 핵심이라는 것이다. 그는 늘 일자리 문제의 근본적 해결책은 산업 경쟁력 강화와 신산업 육성에 있다고 지적해왔다. 기업이 성장하고 투자할 수 있는 환경을 만드는 것이 청년 일자리 정책의 핵심이라고 강조해왔다.

둘째, 노동시장의 유연성과 안정성을 동시에 높이는 '유연안정성' 정책이다. 한덕수는 현재 한국의 노동시장이 지나치게 이분화되어 있어 청년들이 안정적인 일자리를 찾기 어렵다고 본다. 이를 해결하기 위해 그는 노동시장의 진입 장벽을 낮추는 동시에 사회 안전망을 강화하는 방안을 제시한다.

특히 그는 북유럽 국가들의 '유연안정성(flexicurity)' 모델에 주목한다. 이는 기업의 고용 유연성을 높이는 동시에 실업 급여, 직업 훈련 등 사회 안전망을 강화하는 접근법이다. 이를 통해 청년들이 더 쉽게 노동시장에 진입하고, 필요할 경우 재교육을 통해 새로운 기회를 얻을 수 있도록 하는 것이다.

셋째, 직업 교육 강화와 산학 협력 확대다. 한덕수는 현재 한국의 교육 시스템이 노동시장의 요구와 괴리되어 있다고 본다. 이를 해결하기 위해 그는 실무 중심의 직업 교육을 강화하고, 기업과 교육 기관 간의 협력을 확대하는 방안을 제시한다.

특히 그는 독일의 '듀얼 시스템'과 같은 현장 중심 직업 교육 모델에 주목한다. 이는 학교 교육과 현장 실습을 병행하는 시스템으로, 청년들이 실무 역량을 갖춘 상태로 노동시장에 진입할 수 있도록 돕는다.

2025년 정부는 청년정책 시행계획에 총 28조 원을 투입하며, 그 중 주거 분야에서는 청년을 대상으로 공공분양주택과 공공임대주택 등 총 11만7천 가구를 공급할 계획이다. 또한 청년주택드림대출을 신설해 분양가의 80%까지 최대 40년 기간, 최저 2% 금리로 지원하고, 청년 대상 전세대출을 버팀목대출로 통합해 전세보증금 한도(2억→3억원)와 대출 한도(1억→2억원)를 확대한다. 한덕수 대통령 권한대행은 이러한 청년정책 시행계획을 논의하는 청년정책조정위원회를 주재했다. 한덕수는 주택 공급 부족이 청년 주거 문제의 근본 원인이라고 보고, 도심 내 주택 공급을 늘리는 동시에 청년들의 주거 비용 부담을 줄이기 위한 금융 지원을 확대할 것이다. 그는 공공임대주택 확대와 청년 전월세 대출 지원 강화를 통해 청년들의 주거 안정성을 높이는 한편, 청년들이 '똘똘한 한 채'를 실질적으로 마련할 수 있도록 자가 주거 사다리를 촘촘히 설계할 것이다. 이를 위해 청년 맞춤형 분양주택 공급, 장기 저리 주택자금 대출 확대, 생애 최초 주택 구입 지원책을 강화할 수 있다. 또한, 일부 청년층이 현실적으로 선택하고 있는 '공유 주택(share house)'에 대해서도 개선된 품질 기준을 마련하여, 임시적 주거 형태가 아닌 더 나은 개인 공간 확보와 주거 품질 향상을 도모하지 않을까 예상해본다.

실제로 그는 청년 주거 문제에 대해 단기적인 대책만으로는 해결할 수 없다고 보았다. 주택 공급 확대와 금융 지원을 균형 있게 추진하면서, 도시계획과 교통, 일자리 정책을 통합적으로 고려하는 장기적 접근이 필요하다고 강조해왔다. 국무총리로서 그는 청년정책조정위원회 위원장을 맡아 직접 회의를 주재하고, 청년들과의 현장 간담회를 통해 생생한 의견을 수렴해 왔다. 한덕수의 청년 정책은 '실현 가능성'과 '지속 가능성'에 중점을 둔다. 그는 당장의 인기를 위한 일회성 지원보다, 청년들이 스스로 자립할 수 있는 환경을 조성하는 데 초점을 맞춘다.

한 청년 정책 전문가는 말한다.

"한덕수의 청년 정책은 근본적인 해결책을 모색한다는 점에서 의미가 있습니다. 청년 문제를 단순히 복지 차원이 아닌, 산업, 교육, 노동 시장 등과 연계해 종합적으로 접근하는 방식입니다. 이런 접근법은 당장의 효과는 제한적일 수 있지만, 장기적으로는 더 지속 가능한 해결책이 될 수 있습니다."

사회: 지속가능 복지와 공정 사회 설계자

한덕수의 사회 정책 비전은 '지속가능 복지와 공정 사회'로 요약할 수 있다. 그는 복지 확대와 경제 성장이 상충되는 것이 아니라 상호 보완적일 수 있다고 보며, 지속 가능한 복지 시스템 구축과 공정한 사회 질서 확립을 추구한다.

한덕수의 복지 정책 접근법은 '선별적 보편주의'로 표현할 수 있다. 이는 기본적인 사회 안전망은 보편적으로 제공하되, 추가적인 지원은 필요에 따라 선별적으로 제공하는 방식이다. 이를 통해 복지의 사각지대를 최소화하면서도 재정 건전성을 유지할 수 있다는 것이 그의 생각이다.

구체적으로 한덕수는 다음과 같은 복지 정책 모델을 구상할 수 있을 것이다.

1) **'생애주기별 맞춤형 복지 패키지'**: 덴마크의 '플렉시큐리티

(Flexicurity)' 모델을 벤치마킹한 이 시스템은 각 생애 단계에 맞는 통합 지원을 제공한다. 예를 들어 영유아기에는 보육·양육 지원과 아동수당을, 청년기에는 주거·교육·취업 지원을, 중장년기에는 직업 전환 및 재교육 지원을, 노년기에는 소득 및 돌봄 서비스를 연계한다. 덴마크는 이러한 생애주기별 접근을 통해 복지 효율성을 높이고 사회이동성을 30% 증가시켰다.

2) '예방적 복지 투자': 스웨덴의 '사회투자국가' 모델을 참고한 이 정책은 문제가 심각해진 후 대응하는 것보다, 예방에 투자하는 것이 더 효율적이라는 개념에 기초한다. 구체적으로 아동빈곤 예방 프로그램, 조기 교육 투자, 건강검진 확대, 정신건강 지원 강화 등을 포함한다. 이를 통해 장기적으로 복지 비용 감소와 사회적 생산성 향상을 동시에 달성할 수 있다. 실제로 스웨덴은 GDP의 1%를 예방적 복지에 투자함으로써 향후 발생할 복지 비용의 3%를 절감하는 효과를 거두었다.

3) '복지-고용 연계 시스템': 독일의 '하르츠 개혁'의 성공 요소를 선별적으로 적용하되, 사회 안전망을 더 강화한 모델이다. 근로 능력이 있는 복지 수급자에게 맞춤형 직업 훈련과 취업 지원을 제공하고, 일자리로의 전환을 촉진한다. 동시에 취약계층을 위한 사회적 일자리를 확대하고, 저소득층의 근로소득 지원을 강화한다. 독일은 이러한 접근을 통해 2005년 이후 10년간 실업률을 11%에서 5%로 감소시켰다.

4) '공공-민간 협력형 복지 전달체계': 영국의 '빅 소사이어티(Big Society)' 개념을 발전시켜, 복지 서비스 제공에 있어 공공 부문과 민간의 협력을 강화한다. 중앙정부는 기준 설정과 재원 조달을 담당하고, 지방정부와 시민사회, 사회적 기업이 서비스 전달에 참여하는 모델이다. 이를 통해 복지 서비스의 다양성과 접근성을 높이고, 지역 특성에 맞는 맞춤형 서비스를 제공할 수 있다. 싱가포르의 '복지 삼각형(Many Helping Hands)' 모델도 참고하여, 정부-가족-지역사회의 균형 있는 역할 분담을 추구한다.

이러한 한덕수의 복지 정책 모델은 '예방적 복지'에 가깝다. 사회적 위험이 발생한 후 대응하는 것보다, 위험 자체를 예방하는 데 초점을 맞추는 접근법이다. 그의 복지정책의 기조는 '고기를 나눠주는 것'이 아니라 '고기를 잡는 법을 가르치는 것'에 초점을 맞추는 쪽에 있다. 이런 예방적이고 역량 강화적인 복지 정책이 장기적으로 더 효과적이고 지속 가능하다는 것이다.

이런 맥락에서 공정 사회 구현을 위한 한덕수의 접근법은 '기회의 공정성'에 중점을 둔다. 그는 결과의 평등보다 기회의 평등이 더 중요하며, 모든 사회 구성원이 공정한 기회를 갖도록 하는 것이 정부의 역할이라고 본다.

일각에서는 그의 이러한 접근이 '결과의 불평등'을 정당화할 수 있다는 우려를 제기하기도 한다. 그러나 한덕수는 기회의 평등이 형식적 차원에 그쳐서는 안 되며, 실질적인 기회 보장을 위한 적극적 개입이 필요하다고 본다. 특히 그는 교육 기회의 평등, 노동 시장의 공정한 경쟁, 그리고 법과 제도의 공정한 적용을 공정 사회의 핵심 요소로 본다.

이를 위해 그는 교육 격차 해소, 노동 시장 이중구조 개선, 그리고 법치 강화 등을 추진할 것이다. 또한 사회적 약자를 위한 적극적 기회 제공 정책(Affirmative Action)도 필요한 영역에서는 과감히 도입할 것을 제안한다. 진정한 공정은 특정 집단을 위한 것이 아니라 모든 국민이 자신의 능력과 노력에 따라 공정한 기회를 갖는 것이다. 이를 위해 교육, 노동, 법치 등 다양한 영역에서의 종합적인 접근이 필요하다.

이러한 접근법은 한덕수가 국무총리 시절 강조했던 '복지-노동-교육 통합 접근'에서도 잘 드러난다. 그는 복지 정책이 단독으로 작동하는 것이 아니라 노동 시장 정책, 교육 정책과 유기적으로 연계되어야 한다고 보았다. 예를 들어, 저소득층 지원은 단순한 급여 지급을 넘어 직업 훈련, 일자리 연계, 교육 기회 확대 등과 통합적으로 추진되어야 효과를 극대화할 수 있다는 것이다.

이런 한덕수의 복지 정책의 또 다른 특징은 '생애주기별 맞춤형 접근'이다. 그는 인생의 각 단계마다 필요한 복지 서비스가 다르다고 보고, 생애주기별로 최적화된 복지 정책을 설계할 것이다. 특히 그는 저출산·고령화 시대에 대비한 복지 시스템 재설계의 필요성을 강조할 것이다. 출산과 육아 지원, 교육 기회 확대,

일자리 창출은 물론, 노후 소득 보장에 그치지 않고 노후 준비를 체계적으로 지원하는 생애주기 전반의 통합적 접근이 필요하다 볼 것이다. 개인이 각 생애 단계에서 주체적으로 미래를 설계할 수 있도록 돕는 것이 복지 정책의 새로운 방향이어야 한다는 점을 그는 분명히 할 것으로 예상해본다.

한덕수의 사회 정책은 '통합과 균형'을 추구한다. 그는 사회적 갈등과 분열을 완화하고, 다양한 집단 간의 이해관계를 조율하는 데 중점을 둔다. 이는 그의 '조율형 리더십'과도 일맥상통하는 부분이다. 특히 그는 세대 간 갈등, 계층 간 갈등, 지역 간 갈등 등 한국 사회의 주요 갈등 요소들을 완화하기 위한 정책적 노력을 강조한다. 이를 위해 세대 통합형 정책, 계층 이동성 제고, 지역 균형 발전 등을 추진할 것이다.

한덕수의 사회 정책은 이념적 지향점보다 실질적인 효과와 지속 가능성을 중시한다. 복지와 성장의 선순환, 예방적 접근, 생애주기별 맞춤형 지원 등은 한국 사회가 나아가야 할 방향과 일치한다. 특히 그의 통합적이고 균형 잡힌 접근법은 사회적 갈등이 심화된 현 상황에서 더욱 중요한 의미를 갖는다.

외교: 강대국 사이에서 국익 중심의 균형자

외교 분야는 한덕수의 또 다른 강점 영역이다. 그는 주미대사로 활동하며 미국과의 관계를 관리했고, 다양한 국제 회의에 참석하며 글로벌 네트워크를 구축했다. 특히 그의 외교 비전은 '강대국 사이에서 국익 중심의 균형자'로 요약할 수 있다.

한 미국 국무부 관계자는 "한덕수 대사는 항상 일관된 메시지를 전달했고, 약속을 지켰다. 그의 말은 신뢰할 수 있었다"고 평가했다. 이런 국제적 신뢰성은 복잡한 국제 정세 속에서 국익을 지키는 데 중요한 자산이 될 수 있다. 특히 미국 내 고위 외교·경제 네트워크를 다져왔으며, 이를 통해 트럼프 2기와의 실용적 협력 구도를 형성하는 데 중요한 자산으로 평가받는다.

트럼프 2기의 '아메리카 퍼스트' 정책 기조 속에서, 한국이 국익을 지키기 위해서는 트럼프 행정부의 의사결정 방식과 우선순위를 정확히 이해하고 이에 전략적으로 대응할 수 있는 리더십이 필요하다. 한덕수는 이러한 측면에서 다른 후보들과 차별화된 강점을 가지고 있다.

한덕수의 외교 정책 기조는 '실용적 균형 외교'다. 이는 이념이나 가치보다 국익을 우선시하며, 특정 국가에 지나치게 의존하지 않고 다양한 국가들과 균형 있는 관계를 유지하는 접근법이다. 특히 그는 미중 갈등이 심화되는 상황에서 한국이 '전략적 중간자' 역할을 해야 한다고 본다. 안보는 미국과의 동맹을 기반으로 하되, 경제적으로는 중국과의 협력도 지속해야 한다는 것이다.

한덕수의 외교 정책의 두 번째 특징은 '경제 외교 강화'다. 그는 외교의 핵심 목적 중 하나가 국가 경제 이익의 극대화라고 보고, 통상, 에너지, 기술 등 경제적 이슈에서의 외교적 역량 강화를 추구한다. 특히 그는 주미대사 시절 한미 FTA 발효를 성공적으로 이끈 경험을 바탕으로, 다양한 국가 및 지역과의 경제 협력 확대를 강조한다. 또한 글로벌 공급망 재편 상황에서 한국의 전략적 위치를 강화하기 위한 '공급망 외교'의 중요성도 강조한다.

한덕수의 외교 정책의 세 번째 특징은 '다자주의 강화'다. 그는 양자 관계도 중요하지만, 다자 협력 체제를 통한 국제 질서 형성에도 적극 참여해야 한다고 본다. 특히 기후변화, 팬데믹, 사이버 안보 등 글로벌 이슈에 대응하기 위한 국제 협력의 중요성을 강조한다.

안보 분야에서 한덕수의 접근법은 '강한 안보, 유연한 전략'이다. 그는 한미동맹을 안보의 기본 축으로 유지하면서도, 변화하는 안보 환경에 유연하게 대응할 수 있는 전략적 사고의 필요성을 강조한다. 특히 그는 전통적 안보 위협(북한 핵미사일)과 비전통적 안보 위협(사이버, 테러, 기후변화 등)에 동시에 대응할 수 있는 종합적 안보 전략의 필요성을 강조한다. 이를 위해 군사력 증강과 함께 국제 협력, 기술 개발, 사회 복원력 강화 등 다양한 측면에서의 안보 역량 강화를 추구한다.

대북 정책에 있어 한덕수의 접근법은 '원칙에 기반한 실용주의'다. 그는 북한의 비핵화라는 원칙은 견지하면서도, 대화와 협력의 가능성을 열어두는 유연한 접근법을 선호한다. 특히 그는 이념적 접근보다 실질적인 결과를 중시하며, 남북관계를 국내 정치에 활용하는 것을 경계한다. 대신 국제사회와의 긴밀한 협력을 통해 북한 문제에 대응하는 '국제 공조' 접근법을 강조한다.

한덕수의 외교 정책은 실용적이고 균형 잡힌 접근법이 특징이다. 이념이나 가치보다 국익을 우선시하며, 특정 국가에 지나치게 의존하지 않고 다양한 국가들과 균형 있는 관계를 추구한다. 이런 접근법은 미중 갈등이 심화되는 현재 상황에서 한국이 취해야 할 현명한 전략이라고 볼 수 있다.

트럼프 2기 대비: 국익 중심의 실용적 통상·외교 전략

2024년 11월 도널드 트럼프의 재집권은 한국의 외교·안보·통상 환경에 중대한 변화를 가져왔다. 트럼프 2기 행정부는 '아메리카 퍼스트' 기조를 더욱 강화하며, 동맹관계 재설정, 미중 갈등의 심화, 보호무역주의 강화 등 한국의 외교, 안보, 경제에 중대한 영향을 미칠 정책들을 추진하고 있다. 특히 1기와 달리 '충성심'이 검증된 인사들을 중심으로 과감하게 정책을 추진할 것으로 예상된다. 이런 상황에서 한국은 전략적이고 실용적인 접근법이 필요하며, 한덕수는 이를 위한 독보적인 경험과 역량을 갖추고 있다.

한덕수의 트럼프 2기 대비 전략은 '국익 중심의 실용적 접근'을 기본 원칙으로 한다. 그는 이념이나 가치보다 실질적인 국익을 우선시하며, 트럼프 행정부의 특성과 우선순위를 정확히 이해하고 효과적으로 대응할 것이다.

트럼프 행정부의 '거래적 외교' 대응 전략

한덕수는 트럼프 행정부의 '거래적 외교(transactional diplomacy)' 스타일을 정확히 이해하고 있다. 주미대사 시절 트럼프 1기 행정부와 직접 협상한 경험을 통해, 그는 트럼프식 외교의 특성과 효과적인 대응 방식을 체득했다.

그의 대응 전략은 크게 세 가지로 구성된다. 첫째, '상호 이익(win-win)' 프레임의 활용이다. 그는 한미 관계를 '일방적 지원'이 아닌 '상호 호혜적 파트너십'으로 재구성하여, 트럼프 행정부가 중시하는 '공정한 거래' 원칙에 부합하도록 할 수 있다. 이와 관련하여 한덕수는 "우리 대한민국이 미국과 성실하게 앞으로 서로 윈윈 협상을 진행하겠다는 그런 우리의 의지가 트럼프 대통령도 동의를 한 것이라고 저는 그렇게 생각하고 있습니다"라고 밝혔다. 이는 트럼프의 '거래적 외교' 스타일을 정확히 이해하고 있는 한덕수의 전략적 접근법을 보여준다.

트럼프 행정부의 특성을 이해하고 그에 맞게 대응해야 한다. 그들은 '가치'보다 '거래'를 중시한다. 한덕수는 구체적으로 다음과 같은 상호 이익 요소를 강조할 것이다: ① 한국 기업의 미국 내 투자와 일자리 창출 효과(최근 5년간 약 350억 달러 투자, 5만 개 이상 일자리 창출), ② 한미동맹의 지역 안보 기여도(미국의 인도-태평양 전략 지원), ③ 첨단 기술 분야에서의 협력을 통한 중국 견제 효과 등이다. 이를 통해 한미 관계가 미국에게도 중요한 이익을 가져다준다는 점을 명확히 보여줄 필요가 있다.

둘째, '다층적 소통 채널' 구축이다. 그는 행정부 중심의 전통적 외교 채널뿐만 아니라, 의회, 주정부, 기업, 싱크탱크 등 다양한 이해관계자들과의 네트워크를 강화할 수 있다. 특히 트럼프 행정부의 의사결정 구조와 핵심 인물들에 대한 깊은 이해를 바탕으로, 효과적인 소통과 협상 전략을 구사할 것이다.

주미대사 시절 그는 트럼프 행정부의 주요 인사들과 긴밀한 관계를 구축했으며, 이러한 네트워크는 트럼프 2기에 대응하는 데 있어 중요한 자산이 될 것이다. 특히 그는 래리 커들로(경제보좌관), 로버트 라이트하이저(USTR 대표) 등 트럼프 행정부의 경제·통상 핵심 인사들과 효과적인 협력 관계를 구축한 경험이 있다.

셋째, '선제적 행동'이다. 그는 트럼프 행정부의 요구를 수동적으로 기다리기보다, 한국이 먼저 이니셔티브를 가지고 접근하는 전략을 구사할 수 있다. 특히 무역 불균형, 투자 확대, 일자리 창출 등 트럼프 행정부가 중시하는 이슈들에 대해 선제적인 제안과 조치를 통해 협상력을 강화할 것이다.

트럼프 2기의 통상 압력 대응 전략

트럼프 2기 행정부는 무역 적자 해소와 제조업 일자리 창출을 최우선 과제로 삼고 있다. 특히 한국과의 무역에서 발생하는 미국의 적자를 줄이기 위한 다양한 압박이 예상된다. 이에 대해 한덕수는 다음과 같은 전략적 대응을 계획하고 있다.

첫째, '미국 내 투자 확대'다. 그는 한국 기업들의 미국 내 직접 투자를 적극 장려하고 지원할 것이다. 이는 미국 내 일자리 창출과 제조업 부활에 기여함으로써, 트럼프 행정부의 핵심 관심사를 충족시키는 접근법이다. 특히 반도체, 배터리, 전기차 등 핵심 산업 분야에서의 투자를 확대하여, 미국의 '리쇼어링(reshoring)' 및 '친구쇼어링(friend-shoring)' 전략과 연계한 협력 모델을 구축할 것이다. 이는 한국 기업들의 미국 시장 접근성을 확보하는 동시에, 트럼프 행정부의 일자리 창출 요구에 부응하는 전략이다.

둘째, '공급망 안보 협력 강화'다. 그는 반도체, 배터리, 희토류 등 핵심 산업 분야에서 한미 간 공급망 협력을 강화하여, 중국에 대한 의존도를 낮추고 공급망 안보를 제고하는 방안을 추진할 것이다. 이는 트럼프 행정부의 대중 견제 전략과 연계된 접근법으로, 양국의 전략적 이해관계가 일치하는 영역이다.

한미 통상 전문가는 이렇게 분석한다.

"트럼프 2기 행정부는 공급망 안보를 국가 안보의 핵심 요소로 인식하고 있습니다. 한국이 핵심 산업 분야에서 미국과의 공급망 협력을 강화한다면, 이는 양국 관계에서 중요한 전략적 자산이 될 것입니다."

셋째, '통상 다변화'다. 그는 미국 시장에 대한 과도한 의존도를 낮추고, 인도, 아세안, 중동, 남미 등으로 수출 시장을 다변화하는 전략을 추진할 수 있다. 이는 미국의 통상 압력에 대한 한국의 협상력을 높이는 동시에, 글로벌 리스크를 분산시키는 접근법이다. 특히 그는 역내포괄적경제동반자협정(RCEP), 포괄적·점진적 환태평양경제동반자협정(CPTPP) 등 다자 무역협정을 적극 활용하고, 신흥 시장과의 양자 협력도 강화하여 통상 다변화를 추진할 것이다.

트럼프 2기의 안보 도전 대응 전략

트럼프 2기 행정부는 동맹국들에 대한 방위비 분담 증액 요구를 강화하고, 주한미군 규모 및 역할에 대한 재검토 가능성도 제기하고 있다. 이러한 안보적 도전에 대해 한덕수는 다음과 같은 전략적 대응을 계획하고 있다.

첫째, '안보 기여 가시화'다. 그는 한국이 지역 및 글로벌 안보에 기여하는 부분을 보다 명확히 가시화하고, 이를 통해 한미동맹의 가치와 중요성을 부각시킬 것이다. 특히 한국의 국방비 증액, 역내 안보 협력 강화, 글로벌 안보 이슈에 대한 기여 등을 통해 동맹 가치를 제고할 것이다.

둘째, '비용-가치 균형론' 접근이다. 그는 방위비 분담 협상에서 단순한 비용 계산이 아닌, 한미동맹이 미국에게 제공하는 전략적 가치를 종합적으로 고려하는 접근법을 취할 것이다. 이는 트럼프 행정부의 '비용 중심 사고'에 대응하여, 동맹의 전략적 가치와 상호 이익을 강조하는 전략이다.

셋째, '자주국방 능력 강화'다. 그는 미국에 대한 안보 의존도를 줄이고 한국의 독자적 방위 역량을 강화하는 노력을 병행할 것이다. 이는 미국의 안보 공약 변화 가능성에 대비하는 동시에, 방위비 분담 협상에서의 협상력을 높이는 접근법이다.

한 안보 전문가는 이렇게 분석한다.

"한덕수는 미국의 안보 공약과 한국의 자주국방 사이의 균형점을 찾는 실용적 접근법을 취할 것입니다. 이는 트럼프 2기의 안보 도전에 대응하면서도, 장기적으로 한국의 안보 자율성을 높이는 전략입니다."

트럼프 2기와 미중 경쟁 속 전략적 입지 확보

트럼프 2기 행정부는 중국에 대한 경쟁과 견제를 더욱 강화하고 있으며, 이는 미중 사이에서 균형을 유지해야 하는 한국에게 전략적 딜레마를 가져온다. 이에 대해 한덕수는 다음과 같은 전략적 접근을 계획하고 있다.

첫째, '전략적 모호성의 활용'이다. 그는 미중 갈등 사안에 대해 사안별로 유연하게 대응하고, 특정 진영에 일방적으로 편승하기보다 국익에 기반한 실용적 접근을 취할 것이다. 이는 강대국 사이에서 전략적 자율성을 확보하고, 국익을 극대화하기 위한 접근법이다.

둘째, '가치 동맹과 경제 협력의 분리'다. 그는 미국과의 가치 동맹 관계를 유지하면서도, 중국과의 경제 협력을 지속하는 '투트랙' 전략을 추구할 것이다. 이는 미중 경쟁이 심화되는 상황에서도 한국의 경제적 이익을 보호하고, 외교적 유연성을 유지하기 위한 접근법이다. 한덕수는 미중 경쟁 속에서 한국이 '전략적 중간자' 역할을 할 수 있는 가능성을 모색할 것이다. 이는 양자택일의 강요에 대응하면서, 한국의 전략적 가치를 높이는 접근법이다.

셋째, '규범 기반 다자주의 강화'다. 그는 미중 양자 관계에만 의존하기보다, 법치와 규범에 기반한 다자주의적 국제 질서를 강화하는 노력을 병행할 것이다. 이는 강대국 정치의 불확실성에 대응하고, 중견국으로서 한국의 입지를 강화하기 위한 전략이다.

트럼프 2기를 기회로 전환할 대응 방안

트럼프 2기는 한국에게 도전이자 기회다. 한덕수는 이러한 도전적 환경을 오히려 한국의 국익을 증진하고 국제적 위상을 높이는 기회로 전환해야 할 것이다.

첫째, '한미 경제 동맹의 심화'다. 그는 안보 동맹을 넘어 경제, 기술, 에너지 등의 분야로 한미 협력을 확대하여 '포괄적 전략 동맹'으로 발전시킬 것이다. 특히 반도체, 배터리, AI, 우주, 바이오 등 첨단 기술 분야에서의 협력을 강화하여, 한미 관계의 기반을 더욱 공고히 할 것이다.

둘째, '한국의 전략적 가치 제고'다. 그는 글로벌 공급망 재편, 기술 패권 경쟁, 민주주의 vs. 권위주의 대립 등의 국제 정세 속에서 한국의 전략적 가치를 높이기 위한 다양한 이니셔티브를 추진할 것이다. 이는 트럼프 행정부와의 협상력을 높이고, 국제 사회에서 한국의 영향력을 강화하는 접근법이다.

셋째, '국내 산업 경쟁력 강화'다. 그는 트럼프 2기의 보호무역주의 강화에 대응하여, 국내 산업의 경쟁력을 높이고 구조적 취약점을 개선하는 노력을 병행할 것이다. 특히 핵심 산업의 기술력 강화, 공급망 다변화, 제조업 고도화 등을 통해 대외 충격에 강한 경제 체질을 만들 것이다.

한덕수는 트럼프 2기라는 도전적 환경을 한국 경제의 체질을 강화하고, 새로운 성장 동력을 확보하는 기회로 전환할 수 있는 역량을 갖추고 있다. 그의 풍부한 외교·통상 경험과 위기 관리 능력은 이러한 전환을 가능하게 하는 핵심 자산이다.

트럼프 2기 행정부는 분명 한국에게 중대한 도전을 제기하고 있다. 그러나 한덕수의 경험, 네트워크, 그리고 실용적 접근법은 이러한 도전을 기회로 전환할 수 있는 가능성을 보여준다. 그는 주미대사 시절 트럼프 1기 행정부와 성공적으로 협력한 경험을 바탕으로, 트럼프 2기의 파도를 효과적으로 타고 국익을 극대화할 수 있는 유일한 후보다.

정책적 비전의 통합성: 시스템과 사람의 균형

한덕수의 정책적 비전을 관통하는 핵심 원칙은 '안정과 혁신의 균형'이다. 그는 국가 시스템의 안정성을 기반으로 하되, 그 위에서 지속적인 혁신을 추구하는 접근법을 일관되게 견지해왔다. 이는 그의 경제 정책에서는 '안정적 거시 운영과 산업 혁신'으로, 사회 정책에서는 '지속가능 복지와 사회적 혁신'으로, 외교 정책에서는 '동맹 관계의 안정성과 전략적 유연성'으로 구체화된다.

이러한 '안정과 혁신의 균형'은 현재 대한민국이 직면한 복합적 위기 상황에서 더욱 중요한 의미를 갖는다. 지나친 안정 추구는 변화하는 세계에 적응하지 못하는 경직성을 가져올 수 있고, 지나친 혁신 추구는 사회적 불안정과 혼란을 초래할 수 있다. 한덕수는 이 두 가치를 균형 있게 추구함으로써, 안정 속의 혁신, 혁신을 통한 안정을 이룰 것이다.

한덕수는 시스템의 중요성을 강조한다. 국가 시스템이 안정적으로 작동할 때, 개인의 역량과 창의성이 최대한 발휘될 수 있다고 본다. 그러나 동시에 시스템이 사람을 위한 것이어야 한다는 점도 강조한다. 시스템이 목적이 아니라 사람의 삶을 개선하기 위한 수단이라는 것이다.

이러한 철학은 그의 모든 정책 영역에서 일관되게 나타난다.

경제 정책에서는 시장 시스템의 효율성을 높이는 동시에, 그 혜택이 국민 전체에게 돌아갈 수 있도록 한다. 청년 정책에서는 청년들이 자립할 수 있는 시스템을 구축하는 동시에, 개인의 다양한 선택을 존중한다.

사회 정책에서는 지속 가능한 복지 시스템을 구축하는 동시에, 개인의 존엄과 자율성을 보장한다. 외교 정책에서는 국제 질서 속에서 한국의 위치를 강화하는 동시에, 그것이 국민의 안전과 번영으로 이어지도록 한다.

한덕수의 정책 비전은 체계적이고 통합적이다. 각 정책 영역이 서로 연결되어 있고, 일관된 철학에 기반하고 있다. 특히 '시스템과 사람의 균형'이라는 접근법은 현재 한국 사회가 필요로 하는 방향성과 일치한다.

한덕수는 '정치적 인기보다 국가의 장기적 발전'을 우선시한다. 이는 단기 성과보다 미래 세대를 위한 시스템 구축에 집중하는 그의 철학을 보여준다. 이는 그가 정치인이 아닌 국가 관리자로서의 정체성을 가지고 있기 때문이다.

특히 그는 정책의 일관성과 연속성을 강조한다. 정권이 바뀔 때마다 정책 방향이 급변하는 것이 한국 사회의 큰 문제라고 인식하고, 정치적 변화와 무관하게 유지되는 국가 발전 전략의 필요성을 강조한다.

마지막으로, 한덕수의 정책 비전은 '실현 가능성'에 중점을 둔다. 그는 이상적이지만 실현 불가능한 정책보다, 현실적이고 실현 가능한 정책을 선호한다. 이는 그의 50년 공직 경험에서 비롯된 현실감각의 반영이다. 특히 그는 재원 조달 방안, 국민적 합의 형성, 행정적 실행 가능성 등을 종합적으로 고려한 정책 설계를 중시한다. 이를 통해 '말로만 그럴듯한' 정책이 아닌, '실제로 작동하는' 정책을 추진할 것이다.

한덕수의 정책 비전은 화려하지 않지만 실질적이다. 그는 정치적 인기보다 실현 가능성을, 이념적 순수성보다 실질적 효과를 중시한다. 이런 접근법은 정책 실패와 자원 낭비를 줄이고, 국가 발전의 지속 가능성을 높이는 데 기여할 수 있다.

한덕수식 거버넌스: 협치와 조율의 정치

한덕수가 대통령이 된다면, 그의 국정 운영 방식은 어떤 모습일까? 그의 50년 공직 경험과 리더십 스타일을 고려할 때, 한덕수식 거버넌스는 '협치와 조율의 정치'로 요약할 수 있다.

한덕수식 거버넌스의 첫 번째 특징은 '분권과 책임의 균형'이다. 그는 대통령이 모든 것을 결정하고 관리하는 '제왕적 대통령제'의 한계를 인식하고, 권한과 책임을 적절히 분산하는 거버넌스 모델을 추구한다. 특히 그는 국무총리와 각 부처 장관들에게 실질적인 권한을 부여하고, 그에 따른 책임도 명확히 하는 '책임장관제'를 강조한다. 이를 통해 대통령은 국가적 아젠다 설정과 주요 정책 방향 결정에 집중하고, 구체적인 정책 집행은 각 부처가 책임지는 체제를 구축할 것이다.

한덕수식 거버넌스의 두 번째 특징은 '데이터 기반 의사결정'이다. 그는 정치적 고려나 직관적 판단보다 객관적 데이터와 전문가 의견에 기반한 의사결정을 중시한다. 이를 위해 그는 국정 운영 전반에 걸쳐 데이터 수집과 분석 체계를 강화하고, 이를 정책 결정에 적극 활용할 것이다. 특히 그는 정책의 효과와 영향을 지속적으로 모니터링하고 평가하는 '증거 기반 정책 평가(evidence-based policy evaluation)' 시스템을 구축할 것이다. 이를 통해 효과가 있는 정책은 지속하고, 그렇지 않은 정책은 수정하거나 폐기하는 유연한 접근을 추구한다.

한덕수식 거버넌스의 세 번째 특징은 '사회적 대화와 협치'다. 그는 다양한 이해관계자들이 참여하는 사회적 대화를 통해 주요 정책 방향을 결정하고, 이를 바탕으로 여야가 협력하는 협치 모델을 추구한다. 그는 주요 국가 아젠다에 대해 정파를 초월한 '국가 전략 위원회'를 구성하고, 여기서 중장기적 국가 발전 전략을 수립하는 방안을 구상하고 있다. 이를 통해 정권 교체와 무관하게 지속되는 국가 전략을 만들어내할 것이다.

한덕수식 거버넌스의 네 번째 특징은 '투명성과 책임성 강화'다. 그는 국정 운영의 투명성과 책임성이 국민 신뢰의 기반이라고 보고, 이를 강화하기 위한 다양한 방안을 추진할 것이다. 실제로 그는 정부 정보의 적극적인 공개, 시민사회와 언론의 감시 기능 존중, 그리고 명확한 책임 소재 규명 등을 통해 투명하고 책임 있는 정부를 구현할 것이다. 이를 통해 국민과 정부 간의 신뢰를 회복하고, 국정 운영의 효율성을 높이할 것이다.

한덕수식 거버넌스의 다섯 번째 특징은 '디지털 혁신 정부'다. 그는 디지털 기술을 활용해 정부의 효율성과 대응성을 높이는 '디지털 정부' 구현을 추구한다. 특히 인공지능, 빅데이터 등 첨단 기술을 행정에 접목해 국민 서비스의 질을 높이고 행정 비용을 절감하는 방안을 모색하고 있다. 디지털 기술은 정부 혁신의 핵심 동력이다. 기술을 통해 국민과 정부 간의 소통을 강화하고, 맞춤형 서비스를 제공하며, 행정의 효율성을 높일 수 있다.

종합하면, 한덕수식 거버넌스는 권한의 적절한 분산, 데이터에 기반한 의사결정, 사회적 대화와 협치, 투명성과 책임성 강화, 그리고 디지털 혁신을 통해 효율적이고 신뢰받는 정부를 구현하는 것을 목표로 한다.

2025년 초 경제 위기 상황에서 한덕수는 "현재 위기, 기업·정부·국민이 이겨낼 수 있어. 위기 극복 위해 경제단체 힘 보태주길"이라며 위기 극복을 위한 범국가적 협력을 강조했다. 그는 또한 "정부, 현 상황 엄중 인식... 지혜·역량 쏟을 것"이라고 밝히며, 정부의 책임감 있는 대응을 약속했다. 이러한 접근법은 그의 위기 관리 철학과 협치 중심의 거버넌스를 잘 보여준다.

2024년 12월 헌법재판관 임명 문제와 관련한 발언에서도 그는 "존경하는 국민 여러분, 차분하게 한해를 마무리하고 새해를 준비하셔야 할 시기에 나라 일로 국민 여러분을 걱정스럽게 해드려 마음이 무겁습니다. 지금 대한민국은 전에 없던 어려움을 겪고 있습니다"라며 국민들의 우려에 공감했다. 이어 "저는 대통령 권한대행 국무총리로서 우리가 이 어려움을 헤쳐 나가는 동안 국가의 안위와 국민의 일상에 한치 흔들림이 없도록 안정된 국정운영에 전력을 다하는 것을 제 마지막 소임이라고 생각하고 있습니다"라고 밝히며 책임감 있는 리더십을 보여주었다.

한덕수식 거버넌스는 현재 한국 사회가 필요로 하는 협치와 조율의 정치를 구현할 수 있는 모델이다. 그의 공직 경험과 리더십 스타일을 고려할 때, 이런 거버넌스 모델은 분열된 정치 환경에서도 국정을 안정적으로 운영하는 데 기여할 수 있을 것이다.

정책 비전의 실현 가능성: 현실적 평가와 과제

지금까지 한덕수의 정책 비전과 거버넌스 모델에 대해 살펴보았다. 그러나 아무리 훌륭한 비전도 실현 가능성이 없다면 의미가 퇴색된다. 따라서 한덕수의 정책 비전이 실제로 얼마나 실현 가능한지 냉정하게 평가해볼 필요가 있다.

첫째, 재정적 실현 가능성이다. 한덕수가 제시하는 여러 정책들—지속가능 복지 체계 구축, 청년 주거·일자리 지원, 지역 균형 발전 등—은 상당한 재정 투입을 필요로 한다. 그러나 한국의 재정 여건은 고령화, 성장률 둔화 등으로 인해 점점 제약되고 있다. 2025년 기준 한국의 GDP 대비 국가채무비율은 55%를 넘어섰으며, 이는 재정적 여유가 크지 않음을 의미한다.

이에 대해 한덕수는 "효율적인 재정 운용과 선택과 집중을 통해 제한된 재원을 최대한 효과적으로 사용할 것"이라며, "무분별한 재정 확대보다는 재정 건전성과 정책 효과성의 균형을 추구할 것"이라고 강조한다. 그러나 이것이 현실적으로 모든 정책 목표를 달성하기에 충분할지는 의문이 남는다.

둘째, 정치적 실현 가능성이다. 앞서 지적했듯이, 한덕수의 정치적 기반 부재는 그의 정책 실현에 큰 도전 요소가 될 수 있다. 특히 여소야대 상황에서 '정책의 일관성과 연속성'을 확보하기 위한 제도적 장치들—예컨대 '국가 기본 정책' 개념의 법제화나 '사회통합기본법' 제정 등—은 국회의 협조 없이는 불가능하다.

셋째, 사회적 실현 가능성이다. 한덕수가 추구하는 '시스템 중심 국가'로의 전환은 국민들의 광범위한 지지와 공감대가 없이는 불가능하다. 그러나 한국 사회의 이념적, 세대적, 계층적 분열은 이러한 공감대 형성을 어렵게 만들고 있다.

한덕수 자신도 이러한 도전의 현실을 인식하고 있다. 그는 "정책 비전의 실현은 결코 쉽지 않은 과제이며, 단기간에 완성될 수 없는 여정"이라고 인정하면서도, "지금 첫걸음을 내딛지 않으면

변화는 결코 시작될 수 없다"고 강조한다.

정책 비전의 실현 가능성을 높이기 위해 그가 제시하는 구체적 방안은 다음과 같다.

1) **'정책 로드맵'의 수립과 공유**: 각 정책 영역별로 단계적, 점진적 실현 계획을 수립하고, 이를 국민과 정치권에 투명하게 공유한다.

2) **'사회적 합의 형성 메커니즘'의 구축**: 주요 정책에 대한 사회적 대화와 합의 형성을 위한 체계적인 시스템을 구축한다. 이는 노사정 대화, 세대 간 대화, 지역 간 협력 등 다양한 형태를 포함한다.

3) **'정책 효과 모니터링 시스템'의 운영**: 각 정책의 실행과 효과를 지속적으로 모니터링하고, 필요에 따라 유연하게 조정하는 시스템을 운영한다. 이를 통해 사회적 수용성을 높이고 정책의 지속 가능성을 제고한다.

이러한 접근은 한덕수의 정책 비전이 단순한 이상론이 아니라, 점진적이고 체계적인 실현을 목표로 하는 실용적 로드맵임을 보여준다. 그러나 이러한 노력이 실제로 얼마나 성공할 수 있을지는 궁극적으로 그의 리더십과 우리 사회의 성숙도, 그리고 정치 환경의 변화에 달려 있다.

제7공화국을 위한 설계자: 미래세대를 위한 청사진

한덕수가 가진 가장 큰 차별화 포인트 중 하나는 그가 '제7공화국의 설계자'로서의 역할을 수행할 수 있다는 점이다. 그는 자신의 정치적 성공이나 영광보다, 미래 세대를 위한 새로운 국가 시스템 설계에 더 관심이 있다.

한덕수가 구상하는 제7공화국의 핵심 특징은 첫째, '시스템이 주도하는 국가'다. 이는 특정 개인이나 정파의 의지가 아닌, 제도와 시스템이 국가 운영의 중심이 되는 국가 모델이다. 이를 위해 그는 권력 구조 개편, 의사결정 시스템 개선, 그리고 행정 시스템 혁신 등을 추진할 것이다. 특히 그는 '견제와 균형'의 원리가 실질적으로 작동하는 정치 시스템을 구축할 것이다. 대통령의 권한을 적절히 분산하고, 국회의 정책 역량을 강화하며, 사법부의 독립성을 보장하는 등의 방안을 통해 권력 남용을 방지하고 국가 시스템의 안정성을 높이할 것이다.

둘째, '연속성과 일관성을 갖춘 국가'다. 한덕수는 정권이 바뀔 때마다 국가 정책이 급변하는 현재의 시스템이 국가 발전의 큰 걸림돌이라고 본다. 이를 해결하기 위해 그는 정파를 초월한 '국가 기본 정책'의 개념을 도입하고, 이에 대한 사회적 합의를 형성할 것이다. 그는 외교·안보, 경제, 사회 보장 등 국가의 기본 골격을 이루는 정책 영역에서는 정권 교체와 무관하게 유지되는 기본 원칙과 방향성을 확립할 것이다. 이를 통해 정책의 일관성과 예측 가능성을 높이고, 국가 자원의 효율적 활용을 도모한다.

셋째, '미래 세대를 위한 책임 국가'다. 한덕수는 현재의 정치 시스템이 지나치게 현재의 이익에 집중하고, 미래 세대의 부담은 고려하지 않는다고 본다. 이를 해결하기 위해 그는 '세대 간 형평성'을 국가 운영의 중요한 원칙으로 삼을 것이다. 특히 그는 재정, 환경, 연금 등 미래 세대에게 부담을 전가할 수 있는 정책 영역에서 '세대 간 영향 평가'를 의무화하고, 이를 정책 결정에 반영하는 시스템을 구축할 것이다. 이를 통해 현재의 정치적 이익을 위해 미래 세대에게 부담을 전가하는 의사결정을 방지할 것이다.

넷째, '포용적 성장을 추구하는 국가'다. 한덕수는 경제 성장의 혜택이 사회 전체에 골고루 돌아가야 한다고 본다. 이를 위해 그는 경제 성장과 사회 통합을 동시에 추구하는 '포용적 성장' 모델을 제시한다. 그는 교육, 노동, 복지 등 다양한 정책 영역에서 계층 이동성을 높이고, 경제적 불평등을 완화하며, 취약 계층의 자립을 지원하는 방안을 추진할 것이다. 이를 통해 국민 각자가 자신의 잠재력을 실현하고, 성장의 혜택을 함께 누리는 포용적 국가를 구현해나가길 바란다.

다섯째, '글로벌 리더십을 발휘하는 국가'다. 한덕수는 한국이 이제 더 이상 국제 질서의 수용자가 아니라, 적극적인 형성자로 역할해야 한다고 본다. 이를 위해 그는 한국의 글로벌 리더십을 강화하고, 국제 사회에서의 역할과 위상을 높이는 방안을 모색하고 있다. 그는 기후변화, 팬데믹, 디지털 전환 등 글로벌 이슈에서 한국이 선도적인 역할을 할 수 있는 영역을 발굴하고, 이를 통해 국제 사회에 기여하는 동시에 국가 위상을 높이할 것이다. 이는 그의 외교 정책 비전과도 연결되는 부분이다.

한덕수가 구상하는 제7공화국은 시스템 중심, 연속성과 일관성, 세대 간 책임, 포용적 성장, 그리고 글로벌 리더십을 특징으로 하는 새로운 국가 모델이 될 수 있다. 이는 한국이 직면한 도전과 기회를 고려할 때, 미래 지향적이고 지속 가능한 국가 비전이라고 할 수 있다. 한덕수는 자신이 제7공화국의 최종 완성자가 아니라, 그 출발점을 만드는 '설계자'로 역할하고자 할 수 있는 사람이다. 그는 자신의 임기 동안 제7공화국의 기틀을 마련하고, 이후 세대가 이를 발전시켜 나갈 수 있는 토대를 만들 수 있다.

이러한 한덕수의 비전은 '자신의 시대'를 만들려는 것이 아니라, '다음 세대의 시대'를 준비하는 데 초점을 맞추고 있다. 이는 현재의 정치적 이익보다 미래 세대의 행복을 우선시하는 그의 철학을 잘 보여준다. 한덕수는 제7공화국의 설계자로서, 단기적인 정치적 성과보다 장기적인 국가 발전의 토대를 마련하는 데 집중할 것이다. 이런 접근법은 당장의 화려한 성과는 없을 수 있지만, 장기적으로는 한국 사회의 지속 가능한 발전에 크게 기여할 수 있을 것이다.

한덕수가 구상하는 제7공화국은 단순히 정치적 수사가 아니라, 구체적인 실행 계획을 갖춘 비전이다. 그는 취임 직후 '제7공화국 기본설계단'을 구성하여, 각계 전문가들과 함께 새로운 국가 시스템의 청사진을 마련할 것이다. 이 과정에서 여야를 망라한 정치권의 참여를 적극 유도하고, 시민사회, 학계, 산업계 등 다양한 이해관계자들의 의견을 수렴할 것이다.

특히 그는 제7공화국의 설계 과정에서 '미래세대위원회'를 운영하여, 20-30대 청년들의 의견과 비전을 적극 반영할 것이다. 이는 미래 세대를 위한 국가 설계라는 그의 철학과 일맥상통하는 접근법이다. 제7공화국은 단기간에 완성될 수 없는 장기 프로젝트이지만, 한덕수는 그 기초를 단단히 다지는 '설계자'로서 역할을 다할 것이다.

궁극적으로 제7공화국은 국민 모두가 주인이 되는 국가, 미래 세대의 가능성을 극대화하는 국가, 그리고 글로벌 리더십을 발휘하는 국가를 지향한다. 한덕수는 자신의 경험과 역량, 그리고 비전을 통해 이러한 국가 모델을 설계하고 그 첫 걸음을 내딛을 것이다.

제7장

정치가 아닌 시스템을 선택하라

새로운 시대의 새로운 정치

우리가 원하는 나라, 우리가 선택하는 미래

대통령 선거는 단순히 한 개인을 국가 수반으로 선출하는 행위를 넘어, 우리가 원하는 나라의 모습과 미래의 방향을 선택하는 행위다. 우리는 어떤 나라에서 살고 싶은지, 어떤 미래를 만들어 가고 싶은지를 선택하는 것이다.

한덕수를 선택한다는 것은 어떤 의미일까? 그것은 '정치 아닌 정치'의 시대, '시스템이 주도하는 국가', 그리고 '협력과 조율이 기본 작동 원리가 되는 사회'를 선택하는 것이다.

'정치 아닌 정치'란 정치적 승패나 이념적 대립보다 실질적인 문제 해결과 국민의 삶 개선에 초점을 맞추는 새로운 정치 패러다임을 의미한다. 이는 정치의 본질을 회복하는 것이다. 정치는 본래 공동체의 문제를 해결하고 더 나은 사회를 만들기 위한 수단이었지만, 현대 정치는 종종 권력 획득과 유지 자체가 목적이 되어 버렸다. '정치 아닌 정치'는 이런 왜곡된 정치를 바로잡고, 정치가 '목적'이 아닌 '수단'이 되는 보다 성숙한 정치 문화를 지향한다.

'정치 아닌 정치'는 정치를 부정하는 것이 아니라, 정치의 본질을 회복하는 것이다. 그것은 화려한 담론과 이념적 구호 대신, 일상에서 체감되는 실질적인 변화를 추구한다. 국민들이 정치 뉴스를 보며 분노하거나 좌절하는 것이 아니라, 자신의 삶이 조금씩 나아지고 있음을 느끼는 정치다.

정치학자 버나드 크릭(Bernard Crick)은 "정치는 다양한 이해관계를 가진 사람들이 함께 살아가는 방법"이라고 정의했다. 한덕수가 추구하는 '정치 아닌 정치'는 바로 이 본질적 정의에 충실한 것이다. 그것은 승자와 패자를 가르는 '제로섬 게임'이 아니라, 모두가 함께 번영하는 '포지티브섬 게임'으로서의 정치를 의미한다.

'시스템이 주도하는 국가'란 특정 개인이나 정파의 의지가 아닌, 제도와 시스템이 국가 운영의 중심이 되는 국가 모델을 의미한다. 이는 정치적 변화에도 불구하고 국가가 안정적으로 운영되고, 정책의 일관성과 연속성이 보장되는 시스템을 지향한다. '시스템이 주도하는 국가'는 선진 민주주의 국가들의 공통적인 특징이다. 이런 국가들은 정권이 바뀌어도 국가의 기본 시스템과 정책 방향은 크게 변하지 않는다. 이는 국가의 안정성과 예측 가능성을 높이고, 장기적인 발전을 가능하게 한다.

'협력과 조율이 기본 작동 원리가 되는 사회'란 갈등과 대립보다 협력과 타협을 통해 문제를 해결하는 사회 모델을 의미한다. 이는 다양한 이해관계자들이 자신의 이익만을 주장하기보다, 공동의 이익을 위해 협력하고 타협하는 문화를 지향한다.

한덕수를 선택한다는 것은 이런 나라와 사회를 원한다는 것을 의미한다. 그는 자신의 50년 공직 경험, 조율형 리더십, 그리고 시스템 중심적 사고를 바탕으로 이러한 비전을 실현하는 데 기여할 수 있는 인물이다. 물론 한 사람의 대통령이 모든 것을 바꿀 수는 없다. 진정한 변화는 정치인, 관료, 시민, 언론 등 사회 구성원 모두의 참여와 노력을 통해 이루어진다. 그러나 대통령은 그 변화의 방향을 설정하고, 변화를 위한 환경을 조성하는 중요한 역할을 한다.

한덕수는 자신이 그러한 변화의 '완성자'가 아니라 '시작점'이 될 수 있는 사람이다. 그는 제7공화국으로의 전환을 위한 첫 걸음을 내딛고, 이후 세대가 그 길을 계속 발전시켜 나갈 수 있는 토대를 마련해야 할 것이다.

우리가 원하는 나라, 우리가 선택하는 미래. 그것은 지금 우리의 선택에 달려 있다. 대통령 선거는 단순히 한 개인을 뽑는 것이 아니라, 우리가 함께 살아갈 나라의 모습과 방향을 결정하는 중요한 선택이다.

한덕수를 선택한다는 것은 '정치 아닌 정치'의 시대, '시스템이 주도하는 국가', 그리고 '협력과 조율이 기본 작동 원리가 되는 사회'를 향한 첫걸음을 내딛는 것이다. 이것이 바로 우리가 '정치 아닌 정치'를 선택해야 하는 이유다.

이제는 인물이 아닌 질서와 설계의 시대
지금까지 한국의 대통령 선거는 주로 '인물' 중심으로 진행되어 왔다. 국민들은 자신이 선호하는 정치 성향이나 카리스마를 가진 인물을 선택했고, 그 결과는 종종 실망과 좌절로 이어졌다. 그러나 이제는 '인물'이 아닌 '질서와 설계'를 선택해야 할 때다.

'질서와 설계'란 국가 시스템과 제도, 그리고 그것이 작동하는 방식을 의미한다. 어떤 시스템과 제도를 갖추고, 그것을 어떻게 운영할 것인가에 대한 큰 그림이다. 이는 개인의 성향이나 카리스마보다 국가의 장기적 발전에 더 중요한 요소다.

지난 수십 년간 한국은 여러 명의 대통령을 거치며 다양한 정치 스타일을 경험했다. 강력한 리더십을 가진 대통령도 있었고, 소통과 협치를 강조한 대통령도 있었다. 그러나 그 결과는 크게 다르지 않았다. 왜냐하면 기본적인 국가 시스템과 제도가 크게 변하지 않았기 때문이다.

특히 최근 두 번의 대통령 탄핵 사태는 '인물' 중심 정치의 한계를 명확하게 보여주었다. 아무리 뛰어난 개인이라도 잘못된 시스템 속에서는 성공하기 어렵다. 반면, 건강한 시스템 속에서는 평범한 개인도 훌륭한 성과를 낼 수 있다.

여러 정치학자는 이구동성으로 말한다.

"성숙한 민주주의 국가에서는 특정 인물보다 제도와 시스템이 더 중요합니다. 어떤 인물이 대통령이 되든, 건강한 시스템 속에서는 국가가 안정적으로 운영됩니다. 한국도 이제 '인물의 시대'에서 '시스템의 시대'로 전환해야 할 때입니다."

이런 맥락에서 한덕수는 매우 독특한 위치에 있다. 그는 '인물'로서의 화려함보다 '시스템 설계자'로서의 역량을 갖춘 인물이다. 그는 자신의 정치적 성공이나 이미지보다, 국가 시스템의 안정적 운영과 개선에 더 관심이 있다. 그의 50년 공직 경력은 한국의 국가 시스템이 어떻게 작동하는지, 그리고 어떤 문제점과 개선 가능성이 있는지를 깊이 이해하는 데 도움이 되었다. 그는 이런 경험을 바탕으로 한국의 국가 시스템을 보다 안정적이고 효율적으로 재설계할 수 있는 역량을 갖추고 있다.

한덕수는 한국 행정 시스템의 작동 방식을 누구보다 잘 이해하고 있다. 그는 시스템의 문제점을 정확히 진단하고, 실현 가능한 개선책을 제시할 수 있는 몇 안 되는 인물 중 하나다. 이제 우리는 '인물'이 아닌 '질서와 설계'를 선택해야 한다. 카리스마 넘치는 정치인이 아니라, 국가 시스템을 안정적으로 운영하고 개선할 수 있는 시스템 설계자를 선택해야 한다. 그리고 한덕수는 바로 그런 시스템 설계자의 역할에 가장 적합한 인물이다.

한덕수는 '마지막 관료형 대통령'이자 '과도기적 설계자'

한덕수를 바라보는 또 다른 관점은 그가 '마지막 관료형 대통령'이자 '과도기적 설계자'가 될 수 있다는 점이다. 이는 그의 역할이 현재의 문제를 해결하는 것뿐만 아니라, 미래를 위한 새로운 시스템을 설계하는 것까지 포함한다는 의미다.

'마지막 관료형 대통령'이라는 표현은 그가 전통적인 관료 시스템에서 성장했지만, 그 시스템을 미래 지향적으로 변화시킬 수 있는 역량을 갖추고 있다는 것을 의미한다. 그는 관료 시스템의 장점(전문성, 안정성, 연속성)을 살리면서도, 그 한계(경직성,

폐쇄성, 비효율성)를 극복할 수 있는 개혁을 추진할 수 있다.

물론 한덕수가 '관료형 대통령'이라는 점에 대한 우려도 있다. 일각에서는 관료 출신 대통령이 경직된 사고와 현상 유지 성향을 보일 수 있다는 점을 지적한다. 또한 과감한 개혁이나 혁신보다 점진적 변화를 선호할 수 있다는 우려도 있다.

그러나 한덕수는 전형적인 관료의 한계를 넘어선 인물이다. 그는 국내 관료 경험뿐만 아니라 주미대사로서 다양한 국제 경험을, 또 민간 기업에서의 경험도 갖춘 균형 잡힌 시각을 가지고 있다. 무엇보다 그는 관료 시스템의 강점은 살리면서도 그 한계를 극복하려는 개혁 의지를 보여왔다. 그는 관료 시스템 내에서 성장했지만, 그 시스템의 한계를 누구보다 잘 이해하고 있으며, 필요한 개혁과 혁신을 추진할 수 있는 균형 감각을 갖추고 있다.

'과도기적 설계자'라는 표현은 그가 현재의 제6공화국에서 새로운 제7공화국으로의 전환을 설계하고 관리할 수 있는 역할을 할 수 있다는 것을 의미한다. 그는 급진적 변화보다 점진적이고 안정적인 전환을 통해, 보다 건강하고 지속 가능한 정치 시스템을 구축하는 데 기여할 수 있다.

여기서 말하는 '제7공화국'은 단순한 헌법 개정을 넘어 국가 운영의 기본 패러다임 전환을 의미한다. 역사적으로 대한민국에서 'X공화국'은 헌법 체제의 변화를 의미했다. 현재 우리는 1987년 민주화 이후 수립된 제6공화국 체제 아래 있다. 그러나 이 체제는 35년이 지난 지금, 여러 한계를 드러내고 있다.

'제7공화국'은 단순히 헌법 조문의 변경이 아니라, 정치가 작동하는 방식의 근본적 변화를 의미한다. 갈등과 대립이 아닌 협력과 조율이 기본 작동 원리가 되는 국가 시스템, 개인의 카리스마보다 제도와 시스템이 중심이 되는 국가 운영 방식, 그리고 현재의 이익과 미래 세대의 이익이 균형을 이루는 의사결정 구조를 갖춘 새로운 공화국이다.

한덕수는 이러한 제7공화국으로의 전환을 설계하고 관리할 수 있는 '과도기적 설계자' 역할을 할 수 있다. 그의 목표는 특정 이념이나 정파의 승리가 아니라, 모든 국민이 함께 번영할 수 있는 새로운 국가 시스템의 구축이다.

특히 그는 대통령 탄핵 이후의 혼란기를 수습하고, 국가 시스템을 안정화시키며, 새로운 정치 질서의 기틀을 마련하는 '과도기적' 역할에 적합하다. 그는 자신의 정치적 야망이나 이념적 지향보다, 국가의 안정과 발전을 우선시하는 성향을 가지고 있기 때문이다.

한덕수가 '마지막 관료형 대통령'이자 '과도기적 설계자'가 된다면, 그의 역할은 크게 세 가지로 구분할 수 있다.

첫째, '안정화(stabilization)'다. 대통령 탄핵 이후의 정치적 혼란과 갈등을 수습하고, 국가 시스템을 다시 안정적으로 작동시키는 것이다. 이는 국민의 신뢰 회복, 정치적 갈등 완화, 그리고 행정 시스템의 정상화를 포함한다.

둘째, '개혁(reform)'이다. 현재 시스템의 문제점을 진단하고, 필요한 개혁과 혁신을 추진하는 것이다. 이는 권력 구조 개편, 의사결정 시스템 개선, 행정 시스템 효율화 등을 포함한다.

셋째, '설계(design)'다. 미래를 위한 새로운 정치 시스템과 국가 운영 방식을 설계하는 것이다. 이는 제7공화국의 기본 틀과 작동 원리를 설계하고, 그것이 안정적으로 정착할 수 있는 토대를 마련하는 작업이다.

이러한 역할을 수행하기 위해 한덕수는 자신의 풍부한 경험, 균형 잡힌 시각, 그리고 실용적 접근법을 활용할 수 있다. 특히 그의 '조율형 리더십'은 다양한 이해관계자들의 의견을 수렴하고 조정하는 데 큰 도움이 될 것이다.

'마지막 관료형 대통령'이라는 표현은 그가 관료 시스템의 가치를 존중하면서도, 그것을 뛰어넘는 새로운 시스템을 구축하는 과도기적 역할을 할 것임을 의미한다. 이러한 역할은 화려하거나 극적이지 않을 수 있다. 그러나 현재 한국이 직면한 상황과 과제를 고려할 때, 이는 매우 중요하고 필요한 역할이다. 한덕수는 이러한 역할을 성공적으로 수행할 수 있는 독특한 역량과 경험을 갖추고 있다.

제7공화국은 갈등의 재생산이 아닌 시스템의 리셋이어야 한다

제7공화국이라는 개념은 단순히 새로운 헌법이나 정치 체제를 의미하는 것이 아니다. 그것은 국가 운영의 기본 패러다임과 작동 방식의 근본적인 변화를 의미한다. 그리고 그 변화의 핵심은 '갈등의 재생산'이 아닌 '시스템의 리셋'이어야 한다.

현재 한국 정치의 가장 큰 문제 중 하나는 '갈등의 재생산' 구조다. 정치 세력 간의 대립과 갈등이 국가 운영의 기본 패턴이 되어, 정책의 일관성과 연속성이 저해되고 국가 자원이 낭비되는 악순환이 반복되고 있다.

특히 5년마다 반복되는 대통령 선거는 이러한 갈등 구조를 더욱 강화한다. 새로운 대통령은 이전 정부와의 차별화를 위해 많은 정책을 변경하거나 폐기하고, 이는 다시 정치적 갈등과 대립으로 이어진다.

여러 정치학자는 말한다.

"한국 정치의 가장 큰 문제는 '갈등의 재생산' 구조입니다. 정치 세력들이 국가의 장기적 발전보다 단기적인 정치적 이익을 우선시하면서, 갈등과 대립이 끊임없이 재생산되고 있습니다. 이런 구조 속에서는 어떤 정책도 지속적으로 추진되기 어렵습니다."

제7공화국은 이러한 '갈등의 재생산' 구조를 넘어, 새로운 '협력과 조율'의 구조를 만들어내는 '시스템의 리셋'이 되어야 한다. 이는 정치 세력 간의 대립과 갈등이 아니라, 국가의 장기적 발전과 국민의 행복을 위한 협력과 조율이 국가 운영의 기본 패턴이 되는 새로운 시스템을 의미한다.

이러한 '시스템의 리셋'을 위해서는 크게 세 가지 변화가 필요하다.

첫째, '제도적 변화'다. 현재의 권력 구조와 의사결정 시스템은 갈등을 조장하는 측면이 있다. 이를 개선하기 위해 권력의 적절한 분산, 견제와 균형의 강화, 그리고 사회적 대화 시스템의 구축 등이 필요하다. 특히 한덕수는 '책임 정치'를 강화하기 위한 제도적 개혁을 추진할 것이다. 정치인들이 자신의 결정과 행동에 더 큰 책임을 지도록 하는 시스템을 구축하는 것이다. 이를 통해 정치적 갈등이 책임 있게 관리되고, 국가 자원이 더 효율적으로 활용될 수 있다.

둘째, '문화적 변화'다. 갈등과 대립을 중시하는 정치 문화에서 협력과 타협을 중시하는 정치 문화로의 전환이 필요하다. 이는 정치인들의 인식과 행동 변화, 미디어의 역할 변화, 그리고 시민사회의 성숙한 참여를 통해 이루어질 수 있다. 한덕수는 자신의 언행을 통해 이러한 문화적 변화를 선도할 것이다. 그는 정치적 적대감이나 대립보다, 상호 존중과 대화를 통한 문제 해결을 강조한다. 이런 접근법은 정치 문화의 점진적 변화를 이끌어낼 수 있다.

셋째, '인식적 변화'다. 정치를 '승패의 게임'으로 보는 인식에서, '공동의 문제 해결 과정'으로 보는 인식으로의 전환이 필요하다. 이는 정치인, 언론, 그리고 시민 모두의 인식 변화를 요구한다. 한덕수는 정치를 '공동의 문제 해결 과정'으로 인식한다. 그는 특정 정파나 이념의 승리보다, 국가와 국민 전체의 이익을 위한 최선의 해결책을 찾는 것을 중시한다. 이런 인식은 '갈등의 재생산' 구조를 넘어서는 데 중요한 기반이 될 수 있다.

이러한 변화들을 통해, 제7공화국은 정치 세력 간의 갈등과 대립이 아니라, 국가의 장기적 발전과 국민의 행복을 위한 협력과 조율이 기본 작동 원리가 되는 새로운 시스템이 될 수 있다. 제7공화국은 단순히 새로운 헌법이나 정치 체제가 아니라, 국가 운영의 기본 패러다임과 작동 방식의 근본적인 변화를 의미한다. 그리고 한덕수는 이러한 변화를 이끌어낼 수 있는 적합한 인물일 수 있다.

시스템이 작동하는 나라, 그 첫 번째 장을 연다
지금까지 우리는 왜 한덕수인지, 그리고 왜 '정치 아닌 정치'를 선택해야 하는지에 대해 논의했다. 이제 마지막으로, 한덕수가 대통령이 된다면 어떤 변화와 가능성이 열릴 수 있는지 살펴보자.

한덕수가 대통령이 된다면, 가장 먼저 기대할 수 있는 변화는 '정치적 소음의 감소'다. 그는 불필요한 정치적 갈등과 대립을 조장하지 않고, 실질적인 국정 운영과 정책 집행에 집중할 것이다. 이는 정치 피로감에 지친 국민들에게 안도감과 안정감을 줄 수 있다. 특히 그의 '저소음 리더십'은 정치권의 과열된 대립을 완화하고, 보다 건설적인 정치 문화를 형성하는 데 기여할 수 있다. 이는 단순히 조용한 정치가 아니라, 보다 생산적이고 효과적인 정치를 의미한다.

두 번째 기대할 수 있는 변화는 '국가 시스템의 안정화'다. 한덕수는 국가 관리자로서의 풍부한 경험을 바탕으로, 흔들린 국가 시스템을 다시 안정적으로 작동시킬 수 있다. 이는 행정부, 입법부, 사법부 간의 견제와 균형, 중앙정부와 지방정부 간의 조화로운 협력, 그리고 정부와 시민사회 간의 건설적인 파트너십을 포함한다. 그는 행정 시스템의 효율성과 투명성을 높이는 데 집중할 것이다. 그의 공직 경험은 행정 시스템의 작동 방식과 개선 가능성에 대한 깊은 이해로 이어졌고, 이는 보다 효율적이고 투명한 행정 시스템을 구축하는 데 큰 도움이 될 것이다.

한덕수가 만들어갈 '시스템이 작동하는 나라'의 모습은 그의 과거 행적에서도 엿볼 수 있다. 예를 들어, 그가 경제부총리 시절 도입한 '재정 준칙'은 재정 건전성을 유지하며 지속 가능한 경제 운영을 가능하게 하는 시스템적 접근이었다. 또한 국무총리로서 부처 간 협업 체계를 구축하여 정책의 일관성과 효율성을 높인 사례도 있다.

세 번째 기대할 수 있는 변화는 '정책의 일관성과 연속성 확보'다. 한덕수는 정치적 고려보다 정책의 실질적 효과를 중시하며, 이는 정책의 일관성과 연속성을 높이는 데 기여할 수 있다.

그는 정권 교체와 무관하게 유지되어야 할 '국가 기본 정책'의 개념을 도입하고, 이에 대한 사회적 합의를 형성할 것이다. 이를 통해 정책의 일관성과 예측 가능성을 높이고, 국가 자원의 효율적 활용을 도모할 수 있다.

국제적으로 보면, 독일, 스웨덴, 호주 등 '시스템이 작동하는 나라'들은 정권 교체에도 불구하고 정책의 일관성과 예측 가능성이 유지되며, 이것이 경제적 안정성과 사회적 통합의 토대가 되고 있다. 한덕수가 추구하는 것은 바로 이러한 선진국형 국가 운영 모델이다.

네 번째 기대할 수 있는 변화는 '국제적 신뢰 회복'이다. 한덕수는 주미대사 등을 역임하며 글로벌 네트워크와 국제적 신뢰를 구축해왔다. 이런 경험과 네트워크는 국제 사회에서 한국의 위상을 높이고, 외교적 역량을 강화하는 데 큰 도움이 될 것이다. 특히 미중 갈등이 심화되는 상황에서, 그의 균형 있는 외교 접근법은 한국이 '전략적 중간자' 역할을 효과적으로 수행하는 데 기여할 수 있다. 이는 안보와 경제 두 측면에서 모두 중요한 의미를 가진다.

다섯 번째 기대할 수 있는 변화는 '사회적 갈등의 완화'다. 한덕수는 다양한 이해관계자들의 의견을 경청하고 조율하는 리더십 스타일을 가지고 있으며, 이는 한국 사회의 다양한 갈등(세대 간, 계층 간, 지역 간)을 완화하는 데 도움이 될 수 있다. 그는 갈등을 조장하거나 악화시키는 것이 아니라, 갈등을 건설적으로 관리하고 해결하는 데 초점을 맞출 것이다. 이는 보다 통합적이고 조화로운 사회를 만드는 데 기여할 수 있다.

마지막으로, 한덕수 대통령 시대는 '제7공화국의 설계와 출범'의 시작이 될 수 있다. 그는 자신의 임기 동안 제7공화국의 기틀을 마련하고, 이후 세대가 이를 발전시켜 나갈 수 있는 토대를 구축할 것이다.

'제7공화국'이라는 개념은 상징적 의미와 실질적 개혁 방향 모두를 포함한다. 상징적으로는 1987년 헌법 체제(제6공화국)의 한계를 넘어서는 새로운 민주주의 단계를 의미하며, 실질적으로는 다음 세 가지 핵심 변화를 추구한다.

첫째, 제도적 측면에서 대통령과 국회의 관계 재설정, 사법부 독립성 강화, 지방분권 확대 등 권력구조의 실질적 개편이다. 둘째, 운영적 측면에서 정권 교체와 무관하게 지속되는 정책 시스템 구축이다. 셋째, 문화적 측면에서 극단적 대립이 아닌 숙의민주주의에 기반한 정치 문화 형성이다.

그러나 이러한 제7공화국 비전에 대한 비판적 관점도 존재한다. 형식적 개헌 없는 제7공화국 논의는 레토릭에 불과하며, 기존 정치세력의 합의 없는 시스템 변화는 현실적으로 불가능하다는 것이다. 한덕수가 이러한 제7공화국 비전을 실현할 수 있을지는 여전히 검증이 필요한 과제다. 특히 그의 정치적 기반 부재와 여야 모두와의 관계 설정은 결정적 도전 요소가 될 것이다.

한덕수 대통령 시대는 화려하거나 극적인 변화보다, 보다 근본적이고 지속적인 변화의 시작이 될 수 있다. 그는 '시스템이 작동하는 나라'의 첫 번째 장을 열고, 이후 세대가 그 이야기를 계속 써나갈 수 있는 토대를 마련할 것이다. 물론 이러한 변화와 가능성이 자동으로 실현되는 것은 아니다. 한덕수가 대통령이 되더라도, 다양한 도전과 장애물이 있을 것이다. 정치적 반대, 기득권의 저항, 사회적 관성 등은 변화를 어렵게 만드는 요소들이다.

그러나 중요한 것은 첫걸음을 내딛는 것이다. 변화는 종종 작은 첫걸음에서 시작하여 점차 확대되고 심화된다. 한덕수는 그 첫걸음을 내딛는 데 적합한 인물이며, 그의 대통령 시대는 '시스템이 작동하는 나라'를 향한 여정의 시작이 될 수 있다.

정치적 변화는 종종 점진적이고 누적적이다. 단번에 모든 것을 바꾸는 것이 아니라, 작은 변화들이 쌓이고 확대되면서 결국 큰 변화로 이어지는 것이다. 한덕수의 대통령 시대는 그런 점진적이고 누적적인 변화의 시작점이 될 수 있다.

'시스템이 작동하는 나라'. 그것이 우리가 원하는 나라의 모습이라면, 한덕수는 그 첫 번째 장을 열 수 있는 적합한 인물이다. 그의 50년 공직 경험, 시스템 중심적 사고, 그리고 조율형 리더십은 이러한 변화를 이끌어내는 데 큰 자산이 될 것이다.

우리는 지금 중요한 선택의 기로에 서 있다. 계속해서 '갈등의 재생산' 구조 속에 머물 것인가, 아니면 '시스템이 작동하는 나라'

를 향해 첫걸음을 내딛을 것인가. 지난 35년간 제6공화국 체제는 민주화의 토대를 마련했지만, 이제는 그 한계가 뚜렷해졌다. 정치적 갈등과 분열, 정책의 단절과 비효율, 그리고 사회적 통합의 실패는 우리가 새로운 시스템을 필요로 함을 분명히 보여준다.

한덕수는 이 전환의 시대에 적합한 과도기적 설계자다. 그는 화려한 수사나 극적인 변화를 약속하지는 않는다. 대신 그는 견고하고 안정적인 시스템, 예측 가능하고 일관된 정책, 그리고 협력과 조율이 기본이 되는 정치 문화를 구축하고자 한다. 이것이 바로 '정치 아닌 정치'의 본질이며, 제7공화국의 기반이 될 것이다.

'시스템이 작동하는 나라', 그 첫 번째 장을 열 시간이다.

그리고 그 장을 열 열쇠는 바로 한덕수다.

제8장

전환의 시작, 제7공화국으로 가는 길

함께 만드는 변화의 가능성

국내 정치: 분열에서 통합으로의 전환점

대한민국의 정치는 지금 심각한 분열의 위기에 직면해 있다. 정당 간, 이념 간, 세대 간, 지역 간 갈등이 그 어느 때보다 심화되어 있다. 두 번째 대통령 탄핵은 이러한 분열이 초래한 가장 극단적인 결과물이다. 이제 우리는 '분열의 정치'에서 '통합의 정치'로 전환해야 할 시점에 왔다. 한덕수는 바로 이러한 전환의 적임자다. 이 장에서는 한덕수가 대통령이 될 경우 기대할 수 있는 정치적 변화를, 그의 경험과 리더십을 바탕으로 정리하여 소개한다.

한덕수의 정치적 중립성과 조율형 리더십은 극심한 정치적 양극화를 완화하는 데 기여할 수 있다. 그는 진보와 보수 양쪽 모두와 소통할 수 있는 드문 인물이다. 김대중, 노무현 정부의 진보 성향 정부와 이명박, 윤석열 정부의 보수 성향 정부 모두에서 중요한 역할을 수행한 경험은 그가 이념을 넘어선 협력을 이끌어 낼 수 있는 역량을 갖추고 있음을 보여준다.

매번 등장하는 얘기지만, 현재 한국 정치의 가장 큰 문제는 극단적 양극화다. 이는 국민들이 분열을 조장하는 정치인이 아닌, 통합을 이끌어낼 수 있는 리더를 원한다는 것을 보여준다.

한덕수가 대통령이 되면 다음과 같은 변화가 기대된다.

첫째, '초당적 협력 체제'의 구축이다. 한덕수는 정파적 이익보다 국가적 과제 해결을 우선시하는 접근법을 취할 것이다. 그는 주요 국가 의제에 대해 여야가 함께 참여하는 '국가 전략 위원회'를 구성하고, 장기적 국가 발전 전략에 대한 초당적 합의를 도출하고자 할 것이다.

특히 저출산·고령화, 경제 구조 개혁, 에너지 전환 등 정파를 넘어선 국가적 과제들에 대해 여야 정치인들과 전문가들이 함께 논의하고 해결책을 모색하는 플랫폼을 만들 수 있다. 이러한 접근법은 '대결의 정치'를 '협력의 정치'로 전환하는 데 기여할 것이다.

둘째, '정치 문화의 변화'다. 한덕수는 자신의 언행을 통해 보다 성숙한 정치 문화를 만들어나갈 것이다. 그는 정치적 반대자를 악마화하거나 공격하는 대신, 상호 존중과 건설적 비판의 문화를 조성할 수 있다.

그의 '저소음 리더십'은 지금까지의 '고소음 정치'와는 근본적으로 다른 접근법을 보여줄 것이다. 불필요한 정치적 갈등과 논쟁을 줄이고, 실질적인 문제 해결에 집중하는 모습은 정치 문화 전반에 긍정적인 변화를 가져올 수 있다.

셋째, '국민 신뢰 회복'이다. 한덕수는 정치인들의 말과 행동 불일치, 책임 회피 등으로 인해 크게 훼손된 정치에 대한 국민 신뢰를 회복할 수 있다. 그는 투명한 소통과 책임 있는 행동을 통해 정치에 대한 신뢰를 재건할 것이다.

그는 '말'이 아닌 '결과'로 평가받는 정치 문화를 보여줄 것이다. 화려한 공약보다는 실현 가능한 약속을, 정치적 수사보다는 실질적인 성과를 중시하는 접근법은 정치에 대한, 그리고 기본적 민주주의 제도에 대한 국민 신뢰 회복에 기여할 수 있다.

한덕수는 '분열의 정치'에서 '통합의 정치'로의 전환점이 될 수 있다. 그는 특정 진영의 대표자가 아니라 국민 전체의 대표자로서, 정치적 갈등을 넘어 국가적 과제 해결에 집중할 것이다. 이는 한국 정치에 새로운 가능성을 열어줄 수 있다.

국제 질서: 트럼프 2기와 미중 경쟁 속 한국의 새로운 좌표

현재 국제 질서는 근본적인 변화의 과정에 있다. 특히 2024년 11월 트럼프의 재집권과 심화되는 미중 전략 경쟁은 한국의 외교, 안보, 통상 환경에 중대한 영향을 미치고 있다. 이러한 격변의 시기에 한덕수의 외교적 경험과 균형 감각은 한국이 국제 질서 속에서 새로운 좌표를 설정하는 데 큰 자산이 될 것이다.

한덕수는 주미대사, 국무총리, 경제부총리 등을 역임하며 국제 무대에서 풍부한 경험을 쌓았다. 특히 주미대사 시절 미국 행정부와의 경험은 트럼프 2기에 대응하는 데 있어 독보적인 강점이다.

트럼프 2기 행정부는 '아메리카 퍼스트' 기조를 더욱 강화하며, 동맹국들에 대한 방위비 분담금 증액 요구, 무역 적자 해소를 위한 압박, 중국에 대한 견제 강화 등의 정책을 추진하고 있다. 이러한 상황에서 한국은 미중 사이에서 전략적 균형을 유지하면서도 국익을 극대화할 수 있는 새로운 좌표가 필요하다.

한덕수의 트럼프 2기 대응 전략은 단순한 수사가 아닌 구체적 접근법을 갖추고 있다. 그는 주미대사 시절의 경험을 바탕으로, 트럼프 행정부의 '거래적 접근법'에 효과적으로 대응하는 방안을 구체화할 것이다.

첫째, 한미 관계의 경제적 가치를 명확히 수치화하는 전략이다. 예를 들어, 한국 기업의 미국 내 투자 규모(최근 5년간 약 350억 달러), 일자리 창출 효과(5만 개 이상), 반도체·배터리·자동차 분야의 공급망 기여도 등을 구체적 데이터로 제시하는 접근법이다. 이는 트럼프 행정부가 중시하는 '공정한 거래'와 '일자리 창출' 관점에서 한미 관계의 가치를 입증하는 방식이다.

둘째, 주요 외교·안보 현안에 대한 '패키지 딜' 접근법이다. 방위비 분담금, 무역 균형, 북한 문제 등을 개별적으로 다루는 것이 아니라, 포괄적인 '한미 전략 패키지'로 구성하여 협상의 유연성을 높이는 전략이다. 이는 특정 이슈에서의 양보가 다른 이슈에서의 이득으로 상쇄될 수 있는 구조를 만들어, 전체적으로 균형 잡힌 결과를 도출하는 접근법이다.

한덕수가 대통령이 되면 다음과 같은 변화가 기대된다.

첫째, '실용적 균형 외교'의 강화다. 그는 이념이나 가치보다 국익을 우선시하는 실용적 접근법을 취할 것이다. 미국과의 동맹을 유지하면서도 중국과의 경제 협력을 지속하는 균형 잡힌 접근을 추구할 것이다.

특히 그는 "안보는 미국, 경제는 중국"이라는 이분법적 접근을 넘어, 안보와 경제를 통합적으로 고려하는 복합적 전략을 구사할 수 있다. 이는 미중 전략 경쟁 심화로 인한 '선택 강요' 상황에서 한국의 전략적 자율성을 확보하는 데 기여할 것이다. 한덕수는 미중 사이에서 한국의 국익을 극대화할 수 있는 '전략적 헤징' 접근법을 취할 것이다. 그는 미국과 중국 어느 쪽에도 지나치게 경사되지 않으면서, 양측과의 관계에서 최대한의 이익을 얻어낼 수 있는 균형 감각을 갖추고 있다.

둘째, '트럼프 2기에 대한 효과적 대응'이다. 한덕수는 주미대사 시절 미국 행정부와 성공적으로 협력한 경험을 바탕으로, 트럼프 2기의 외교 스타일과 우선순위를 정확히 이해하고 이에 효과적으로 대응할 수 있다. 그는 트럼프 행정부의 '거래적 접근법'에 맞춰, 한미 관계를 '가치'보다 '상호 이익'의 관점에서 재구성할 수 있다. 특히 미국의 관심사인 한미 무역 균형, 공급망 안보, 첨단 기술 협력 등의 분야에서 윈-윈 전략을 제시함으로써, 방위비 분담금 증액 등 민감한 사안에서 협상력을 확보할 것이다.

셋째, '경제 안보 통합 전략'의 추진이다. 한덕수는 경제와 안보를 통합적으로 고려하는 새로운 접근법을 강화할 것이다. 특히 반도체, 배터리, 바이오 등 핵심 산업 분야에서의 경쟁력 강화가 국가 안보와 직결된다는 인식 하에, 산업-안보 연계 전략을 추진할 수 있다. 이러한 접근법은 미국의 '친구쇼어링(friend-shoring)' 전략과 연계하여, 한국이 글로벌 공급망 재편 과정에서 유리한 위치를 차지하는 데 기여할 것이다. 또한 인도-태평양 경제 프레임워크(IPEF), 칩4 얼라이언스 등 새로운 경제-안보 메커니즘에서 한국의 역할을 강화하는 데도 도움이 될 것이다.

한덕수의 경제 정책 비전은 단순한 성장률 제고를 넘어 한국 경제의 질적 변화를 추구한다. 그가 이끄는 '실물 기반 혁신 성장', '통상 중심 경제 전략', '구조 개혁'은 한국이 '추격형 경제'에서 '선도형 경제'로 전환하는 역사적 계기가 될 것이다.

경제 패러다임: 위기를 기회로 전환하는 경제 재편 전략

글로벌 경제는 지금 근본적인 패러다임 전환기에 있다. 디지털 전환, 글로벌 공급망 재편, 친환경 경제로의 이행, 인구구조 변화 등 여러 메가트렌드가 동시에 진행되고 있다. 여기에 트럼프 2기 행정부의, 그리고 최근 관세에 초점을 둔 보호주의 강화는 한국 경제에 위기이자 기회다. 이러한 격변기에 한덕수의 경제 전문성과 위기 관리 능력은 한국 경제의 새로운 도약을 이끌 중요한 자산이 될 것이다.

한덕수는 경제관료 출신으로, 재정경제부 차관, 경제부총리, 국무총리 등을 역임하며 풍부한 경제 정책 경험을 쌓았다. 1990년 산업정책국장을 맡아 우리나라 산업정책에 한 획을 그은 「공업발전법」을 제정했고, 산자부 통상무역실장으로서는 OECD 가입과 대일 무역규제 해제 등의 정책을 추진했다. 특히 1997년 외환위기 당시 통상교섭본부장 및 이후 청와대 경제수석으로서 위기 극복에 기여했고, 2005년 경제부총리 시절에는 한미 FTA 협상을 주도했다. 또한 2008년 글로벌 금융위기 당시에는 주미대사로서 한미 간 경제협력을 강화하는 역할을 했으며, 2022년 코로나19 경제 위기 상황에서는 국무총리로서 위기 관리를 주도했다.

이렇게 그의 경제 전문성은 단순한 이론이 아닌 실전 경험에서 나온다. 특히 1997년 외환위기, 2008년 글로벌 금융위기, 2022년 코로나19 경제 위기 등 주요 경제 위기 상황에서의 대응 경험은 그의 독보적인 강점이다. 이런 경험은 어떤 교과서나 이론으로도 대체할 수 없는 값진 자산이다.

한덕수가 대통령이 되면 다음과 같은 경제 패러다임 변화가 기대된다.

첫째, '실물 기반 혁신 성장'이다. 그는 단순한 금융 중심 성장이나 부동산 의존 성장이 아닌, 실물 경제와 혁신에 기반한 지속 가능한 성장 모델을 추구할 것이다. 특히 제조업의 고도화와 서비스업의 혁신을 동시에 추진하는 '투트랙' 전략을 구사할 것이다.

반도체, 배터리, 바이오, 우주항공 등 첨단 제조업 분야에서의 경쟁력을 강화하는 동시에, 디지털 서비스, 콘텐츠, 헬스케어 등 고부가가치 서비스 산업의 발전을 촉진할 것이다. 이는 한국 경제의 성장 동력을 다변화하고, 지속 가능한 성장 기반을 마련하는 데 기여할 것이다.

둘째, '통상 중심 경제 전략'의 강화다. 한덕수는 내수 시장이 제한적인 한국 경제의 특성상 통상이 성장의 핵심임을 강조해왔다. 그는 트럼프 2기의 보호무역주의 강화라는 위기 상황을 오히려 기회로 전환하는 통상 전략을 구사할 것이다.

특히 그는 미국의 '친구쇼어링' 전략에 적극 대응하여, 한국 기업들이 미국과 멕시코 등 북미 시장에 대한 투자를 확대하도록 지원할 수 있다. 이는 미국 시장 접근성을 확보하는 동시에, 트럼프 행정부의 '일자리 창출' 요구에 부응하는 전략이다. 또한 인도, 아세안, 중동, 남미 등으로 통상 다변화를 추진하여, 특정 시장에 대한 의존도를 낮추고 글로벌 리스크를 분산시킬 것이다. 이러한 접근법은 불확실한 글로벌 통상 환경 속에서 한국 경제의 안정성과 성장 잠재력을 높이는 데 기여할 것이다.

셋째, '구조 개혁을 통한 경제 체질 강화'다. 한덕수는 노동 시장, 교육 시스템, 규제 환경 등 한국 경제의 구조적 문제들을 해결하는 것이 장기적 성장의 핵심이라고 인식하고 있다. 그는 정치적 인기에 연연하지 않고 필요한 구조 개혁을 추진하는 '시스템 개혁가'로서의 면모를 보여줄 것이다. 우리나라의 고질적인 노동 시장의 이중구조 문제, 교육과 산업 간 미스매치, 과도한 규제로 인한 혁신 저해 등의 문제를 해결하기 위한 종합적인 구조 개혁 프로그램을 추진할 수 있다. 이는 한국 경제의 성장 잠재력을 높이고, 사회경제적 불평등을 완화하는 데 기여할 것이다.

만일 한덕수 대통령 시대가 열린다면, 한국 경제가 '양적 성장'에서 '질적 성장'으로, '추격형 경제'에서 '선도형 경제'로 전환하는 계기가 될 것이다. 그의 실물 기반 혁신 성장, 통상 중심 경제 전략, 구조 개혁 등은 한국 경제의 새로운 도약을 이끌 것이다.

사회 통합: 세대·계층·지역 갈등 해소의 새 지평

한국 사회는 지금 심각한 분열과 갈등의 위기에 직면해 있다. 세대 간 갈등, 계층 간 갈등, 지역 간 갈등 등 다양한 균열선이 사회 통합을 저해하고 있다. 이러한 상황에서 한덕수의 균형 잡힌 관점과 포용적 리더십은 사회 통합을 위한 새로운 지평을 열 수 있다.

한덕수는 다양한 이해관계자들의 의견을 존중하고, 균형 있는 해결책을 모색하는 성향으로 알려져 있다. 그의 이런 성향은 갈등 해소와 사회 통합을 위한 노력에 큰 자산이 될 것이다. 한덕수가 대통령이 되면 다음과 같은 사회 통합 전략이 추진될 것으로 기대된다.

한국 사회에서 세대 간 갈등은 점점 심화되고 있다. 주택, 일자리, 연금 등 각종 사회경제적 이슈에서 세대 간 이해관계가 충돌하고 있다. 한덕수는 이러한 세대 간 갈등을 해소하기 위해 '세대 통합 정책'을 추진할 수 있다. 특히 그는 모든 주요 정책 결정 과정에 '세대 간 영향 평가'를 도입하여, 특정 세대에게 과도한 부담이 전가되지 않도록 할 것이다. 또한 청년, 중장년, 노년층 간의 대화와 협력을 촉진하는 '세대 공감 프로그램'을 확대하여, 세대 간 이해와 연대를 강화할 것이다.

한덕수의 세대 통합 정책은 단순한 수사를 넘어 구체적인 프로그램으로 구상되어 있다. 예를 들어 '세대 공감 프로젝트'는 청년, 중장년, 노년층이 함께 참여하는 지역 기반 사회적 경제 사업으로, 각 세대의 경험과 기술이 상호 보완적으로 활용되는 모델이다. 특히 노년층의 경험과 청년층의 혁신 역량을 결합한 사회적 기업 육성을 통해, 세대 간 협력을 경제적 가치 창출로 연결하는 접근법이다.

또한 주택 정책에서는 '세대 통합형 주거 모델'을 도입할 수 있다. 이는 청년·신혼부부·노년층이 함께 거주하는 복합 주거 단지를 공급하고, 세대 간 협력을 촉진하는 커뮤니티 프로그램을 지원하는 방식이다. 실제로 이러한 모델은 네덜란드, 덴마크 등에서 성공적으로 운영되고 있으며, 세대 간 이해와 연대를 강화하는 효과를 보여주고 있다.

한국 사회에서 소득과 자산 격차가 확대되면서 계층 간 갈등도 심화되고 있다. 한덕수는 이러한 계층 간 갈등을 완화하기 위해 '포용적 성장' 전략을 추진할 수 있다. 그는 경제 성장의 혜택이 모든 계층에게 고르게 분배될 수 있도록, 교육 기회의 평등, 노동 시장의 공정성 제고, 조세 시스템의 합리적 개편 등을 추진할 것이다. 또한 사회안전망을 강화하여 취약계층을 보호하고, 계층

이동성을 높이기 위한 다양한 지원 프로그램을 확대할 것이다.

한국 사회에서 수도권과 비수도권 간의 격차와 갈등은 오랜 사회적 과제였다. 한덕수는 이러한 지역 간 갈등을 해소하기 위해 실질적인 지역 균형 발전 전략을 추진할 것이다. 그는 단순한 물리적 분산이 아닌, 지역별 특성화 발전 전략을 통해 각 지역이 경쟁력을 갖추도록 지원할 것이다. 특히 지역 혁신 생태계 구축, 지역 특화 산업 육성, 지역 인재 양성 등을 통해 지역 경제의 자생적 성장 기반을 마련할 것이다. 한덕수는 다양한 사회적 갈등을 해소하기 위해 사회적 대화와 합의 형성을 위한 제도적 기반을 강화할 수 있다. 특히 노사정 대화체제를 개편하고, 다양한 이해관계자들이 참여하는 '사회통합위원회'를 설치하여 주요 사회적 의제에 대한 대화와 타협의 장을 마련할 것이다.

또한 그는 갈등 해소를 위한 지역 사회의 자율적 노력을 지원하고, 시민사회의 역량 강화를 통해 사회적 갈등을 예방하고 관리하는 시스템을 구축할 수 있다. 이러한 접근법은 갈등을 억압하거나 회피하지 않고, 민주적 과정을 통해 해결하는 성숙한 사회로 나아가는 데 기여할 것이다. 한덕수의 사회 통합 정책의 핵심은 '구조적 접근'과 '참여적 해결'의 결합이다. 그는 갈등의 근본 원인을 해결하기 위한 제도적·구조적 개혁을 추진하는 동시에, 당사자들의 참여와 대화를 통한 합의 형성을 중시한다. 이러한 포괄적 접근법은 지속 가능한 사회 통합의 기반을 마련하는 데 효과적일 것이다.

한덕수가 보여줄 또 다른 변화는 대통령의 소통 방식이다. 그는 과장된 퍼포먼스나 감성적 호소 대신, 합리적이고 투명한 소통을 중시한다. 특히 그가 구상하는 '정책 설명회'는 정책의 배경, 목적, 기대효과뿐만 아니라 예상되는 부작용과 한계까지 솔직하게 공유하는 방식이다.

또한 한덕수는 '현장 소통'을 강화할 수 있다. 청와대나 관저에 머무르기보다, 정기적으로 다양한 현장을 방문하여 국민들의 목소리를 직접 듣고 정책에 반영하는 접근법이다. 특히 정책 수혜자뿐만 아니라 정책으로 인해 어려움을 겪는 집단과의 소통도 중시한다. 이는 국민과의 거리를 좁히고, 보다 균형 잡힌 정책 결정을 가능하게 할 것이다.

만일 한덕수 대통령 시대가 열린다면, 한국 사회가 '대립과 갈등'에서 '대화와 타협'으로 전환하는 계기가 될 것이다. 그의 균형 잡히고 포용적인 리더십은 사회 통합을 위한 새로운 패러다임을 제시할 것이다. 분열된 사회를 하나로 모으고, 공동의 미래를 향해 함께 나아가는 토대를 마련하는 것, 이것이 한덕수가 그리는 사회 통합의 새로운 지평이다.

대통령 이후의 한덕수: 제7공화국 완성을 위한 장기적 비전

한덕수의 대통령 시대는 단순히 5년의 임기로 끝나는 것이 아니라, 제7공화국이라는 새로운 국가 체제의 기틀을 마련하는 역사적 전환점이 될 것이다. 그는 자신의 임기를 '완성'이 아닌 '시작'으로 인식하고, 이후 세대가 이어갈 수 있는 장기적 비전과 시스템을 구축할 것이다.

한덕수는 자신이 세운 제7공화국의 기틀이 자신의 임기 이후에도 지속되고 발전될 수 있도록, 다음과 같은 장기적 비전과 전략을 구상할 것으로 예상한다.

첫째, '헌정 질서의 개편'이다. 한덕수는 현행 헌법이 1987년 민주화 이후의 시대적 요구를 반영하고 있으나, 이제는 새로운 시대적 상황에 맞는 헌정 질서가 필요하다고 인식하고 있다. 그는 자신의 임기 동안 제7공화국에 걸맞은 새로운 헌법 개정안을 마련하고, 국민적 합의를 통해 이를 추진할 수 있다.

특히 권력 구조의 개편, 지방 분권의 강화, 기본권의 확대 등을 핵심으로 하는 헌법 개정을 통해, 보다 균형 잡히고 민주적인 정치 시스템을 구축할 것이다. 이러한 헌정 질서의 개편은 그의 임기 이후에도 제7공화국의 기본 틀로서 기능할 것이다.

둘째, '정책 연속성 확보 시스템'의 구축이다. 한덕수는 정권이 바뀔 때마다 정책의 방향이 급변하는 현재의 시스템이 국가 발전에 걸림돌이 된다고 인식하고 있다. 그는 정권 교체와 무관하게 유지되어야 할 '국가 기본 정책'의 개념을 도입하고, 이를 제도화할 것이다.

외교·안보, 경제, 사회 보장 등 국가의 기본 골격을 이루는 정책 영역에서는 초당적 합의를 바탕으로 '국가 기본 정책'을 수립하고, 이를 법률로 제정하여 정권 교체에도 불구하고 일관성을 유지할 수 있도록 할 수 있다.

셋째, '사회 통합의 제도화'다. 한덕수는 다양한 사회적 갈등을 해소하고 통합을 촉진하기 위한 제도적 기반을 마련할 것이다. 특히 '사회통합기본법'을 제정하여 사회적 대화와 합의 형성을 위한 법적, 제도적 기반을 강화할 것이다.

이를 통해 노사정 대화, 세대 간 대화, 지역 간 협력 등 다양한 형태의 사회적 대화와 협력이 일상화되고 제도화될 수 있도록 할 것이다. 이러한 접근법은 갈등을 억압하거나 회피하는 것이 아니라, 민주적 과정을 통해 관리하고 해결하는 성숙한 사회로 나아가는 데 기여할 것이다.

넷째, '미래 세대를 위한 책임 강화'다. 한덕수는 현재 세대의 이익만을 고려하는 것이 아니라, 미래 세대의 부담과 권리도 함께 고려하는 '세대 간 형평성'을 중요한 국정 운영 원칙으로 삼을 것이다. 특히 재정, 환경, 연금 등 미래 세대에게 부담을 전가할 수 있는 정책 영역에서 '세대 간 영향 평가'를 의무화하고, 이를 정책 결정에 반영하는 시스템을 구축할 수 있다.

또한 그는 미래 세대의 권익을 대변하는 '미래세대위원회'를 설치하여, 주요 정책 결정 과정에서 미래 세대의 관점이 고려될 수 있도록 할 것이다. 이러한 접근법은 단기적 정치적 이익을 넘어, 지속 가능한 국가 발전의 토대를 마련하는 데 기여할 것이다.

다섯째, '글로벌 리더십의 강화'다. 한덕수는 한국이 이제 더 이상 국제 질서의 수용자가 아니라, 적극적인 형성자로 역할해야 한다고 인식하고 있다. 그는 자신의 임기 동안 한국의 글로벌 리더십을 강화하고, 국제 사회에서의 역할과 위상을 높이기 위한 다양한 이니셔티브를 추진할 수 있다.

특히 기후변화, 팬데믹, 디지털 전환 등 글로벌 이슈에서 한국이 선도적인 역할을 할 수 있는 영역을 발굴하고, 이를 통해 국제 사회에 기여하는 동시에 국가 위상을 높일 것이다. 이러한 노력은 트럼프 2기와 미중 경쟁 심화라는 도전적 환경 속에서도 한국이 국제 사회에서 독자적인 영향력을 행사할 수 있는 기반이 될 것이다.

물론 한덕수가 구상하는 제7공화국의 실현은 결코 쉬운 과제가 아니다. 그가 제시하는 장기적 비전이 실현되기 위해서는 여러 도전 요소를 극복해야 한다.

첫째, 정치권의 협조가 필수적이다. 헌법 개정이나 국가 기본 정책의 제도화를 위해서는 국회의 지지가 필요하며, 이는 한덕수의 초당적 리더십이 실제로 작동할 수 있는지를 시험하는 과제가 될 것이다.

둘째, 사회적 합의 형성의 어려움이다. 한국 사회의 다양한 이해관계와 가치관 차이를 고려할 때, 주요 국가 의제에 대한 광범위한 합의를 도출하는 것은 상당한 시간과 노력이 필요한 과정이다.

셋째, 국제 환경의 불확실성이다. 트럼프 2기 행정부의 예측 불가능한 정책과 미중 갈등의 심화는 한국의 장기적 국가 전략 수립에 여러 변수로 작용할 수 있다.

그러나 이러한 도전에도 불구하고, 한덕수의 비전은 한국 사회가 나아가야 할 방향에 대한 중요한 좌표를 제시한다. 그의 균형 감각, 조율 능력, 그리고 실용적 접근법은 이러한 도전을 극복하는 데 큰 자산이 될 것이다.

한덕수 대통령의 가장 중요한 역사적 역할은 제7공화국의 '설계자'가 되는 것이다. 그는 자신의 5년 임기 동안 제7공화국의 기틀을 마련하고, 이후 세대가 이를 발전시켜 나갈 수 있는 토대를 구축할 것이다. 이는 단순한 정권 차원이 아니라, 국가 체제 차원의 역사적 전환이 될 것이다.

이처럼 한덕수의 대통령 시대는 단순히 5년의 임기로 한정되는 것이 아니라, 대한민국의 새로운 역사적 단계의 출발점이 될 것이다. 그가 구상하는 제7공화국은 시스템이 주도하는 국가, 정책의 연속성이 보장되는 국가, 다양성 속의 통합이 이루어지는 국가, 그리고 미래 세대에 대한 책임을 다하는 국가로서, 이후 세대가 이어받아 더욱 발전시켜 나갈 토대가 될 것이다.

결론: 전환의 시대, 한덕수라는 선택

지금 대한민국은 중대한 전환의 시대를 맞이하고 있다. 국내적으로는 두 번째 대통령 탄핵이라는 정치적 위기와 극심한 사회 갈등에 직면해 있고, 대외적으로는 트럼프 2기 행정부의 출범과 미중 전략 경쟁 심화라는 도전적 국제 환경에 놓여 있다. 이러한 전환의 시대에 한덕수는 새로운 가능성을 여는 적임자다.

한덕수가 가져올 변화와 가능성은 다음과 같이 요약할 수 있다.

첫째, 국내 정치에서는 '분열의 정치'에서 '통합의 정치'로의 전환을 이끌 것이다. 그의 정치적 중립성과 조율형 리더십은 극심한 정치적 양극화를 완화하고, 초당적 협력 체제를 구축하는 데 기여할 것이다. 이는 정치에 대한 국민 신뢰 회복과 더 성숙한 정치 문화 형성으로 이어질 수 있다.

둘째, 국제 질서 속에서는 트럼프 2기와 미중 경쟁이라는 도전 속에서 한국의 새로운 좌표를 설정할 것이다. 그의 실용적 균형 외교, 트럼프 2기에 대한 효과적 대응 전략, 경제-안보 통합 접근법은 불확실한 국제 환경 속에서 한국의 국익을 극대화하는 데 기여할 수 있다.

셋째, 경제 분야에서는 위기를 기회로 전환하는 경제 재편 전략을 추진할 것이다. 그의 실물 기반 혁신 성장, 통상 중심 경제 전략, 구조 개혁 등은 한국 경제의 체질을 강화하고 새로운 도약의 토대를 마련할 수 있다.

넷째, 사회 분야에서는 세대·계층·지역 갈등 해소를 위한 새로운 지평을 열 것이다. 그의 균형 잡힌 관점과 포용적 리더십은 다양한 사회적 갈등을 완화하고, 사회 통합을 위한 새로운 패러다임을 제시할 수 있다.

다섯째, 제도적 측면에서는 제7공화국의 기틀을 마련할 것이다. 그의 헌정 질서 개편, 정책 연속성 확보 시스템 구축, 사회 통합의 제도화, 미래 세대를 위한 책임 강화 등은 제7공화국이라는 새로운 국가 체제의 토대가 될 수 있다.

한덕수는 단순히 다음 대통령이 아니라, 제7공화국이라는 새로운 시대의 설계자가 될 것이다. 그의 대통령 시대는 한국이 더 안정적이고, 더 통합적이며, 더 미래 지향적인 국가로 도약하는 전환점이 될 수 있다.

물론 이러한 변화와 가능성이 자동으로 실현되는 것은 아니다. 한덕수가 대통령이 되더라도, 다양한 도전과 장애물이 있을 것이다. 정치적 반대, 기득권의 저항, 사회적 관성 등은 변화를 어렵게 만드는 요소들이다.

그러나 중요한 것은 첫걸음을 내딛는 것이다. 변화는 종종 작은 첫걸음에서 시작하여 점차 확대되고 심화된다. 한덕수는 그 첫걸음을 내딛는 데 적합한 인물이며, 그의 대통령 시대는 더 나은 대한민국을 향한 여정의 시작이 될 것이다.

전환의 시대, 한덕수라는 선택은 단순히 한 개인에 대한 선택이 아니라, 우리가 어떤 나라에서 살고 싶은지, 어떤 미래를 만들어가고 싶은지에 대한 근본적인 선택이다. 그것은 정치적 승리와 패배의 반복에서 벗어나, 시스템이 주도하는 안정적인 국가로 나아가는 선택이다. 갈등과 대립의 정치에서 협력과 조율의 정치로 전환하는 선택이다. 단기적 성과에 집착하는 것이 아니라, 미래 세대를 위한 장기적 토대를 구축하는 선택이다.

한덕수는 경제 위기 속에서도 희망적 메시지를 전한다. "우리 경제를 평가하는 기준이 되는 모든 부분이 이제는 다 정상화가 됐고, 앞으로는 희망이 보인다"라는 그의 말은 단순한 낙관주의가 아니라, 수십 년간의 경제 관료 경험과 위기 극복 경험에서 나온 자신감이다. 그리고 이 자신감은 그가 이끌어갈 제7공화국의 미래에 대한 희망이기도 하다.

한덕수의 리더십은 화려하지 않을 수 있다. 그러나 지금 대한민국에 필요한 것은 화려한 수사가 아니라 실질적인 변화이고, 극적인 대립이 아니라 안정적인 작동이며, 개인의 카리스마가 아니라 시스템의 복원이다. 한덕수는 바로 이러한 변화를 가져올 수 있는 인물이다.

한편, 우리는 한덕수가 제7공화국의 설계자로서 직면할 현실적 도전도 직시해야 한다. 그의 리더십 약점과 도전 과제를 인식하는 것은, 변화의 가능성을 더욱 현실적으로 평가하고 필요한 보완책을 마련하는 데 도움이 될 것이다.

제7공화국으로 가는 길은 결코 쉽지 않을 것이다. 그러나 한덕수의 장점을 살리고 한계를 보완하면서, 정치가 아닌 시스템, 대통령이 아닌 국가를 중심에 두는 새로운 공화국을 향한 첫걸음을 내딛는 것—그것이 바로 우리가 오늘 시작해야 할 변화일 것이다.

지금 한덕수

정치가 아닌 시스템, 대통령이 아닌 국가를 선택하라

에필로그
"한 사람의 리더가 아닌, 모두의 국가를 위하여"

전환점에 선 대한민국

1987년 6월 민주항쟁 이후, 대한민국은 민주주의와 경제 발전이라는 두 마리 토끼를 쫓아왔다. 그 과정에서 많은 성취가 있었지만, 동시에 적지 않은 도전과 위기도 경험했다. 두 차례의 대통령 탄핵, 극심한 정치적 양극화, 저출산·고령화, 글로벌 경제 질서의 재편 등 대한민국은 지금 중대한 전환점에 서 있다.

여기에 2024년 11월 트럼프의 재집권은 또 다른 중대한 변수로 작용하고 있다. 트럼프 2기 행정부는 '아메리카 퍼스트' 기조를 더욱 강화하며, 보호무역주의, 동맹국의 안보 분담금 증액 요구, 미중 패권 경쟁의 심화 등 한국의 외교·안보·경제 전략에 근본적인 재검토를 요구하는 정책들을 추진하고 있다. 이러한 국제 정세의 급격한 변화는 대한민국에게 위기이자 기회다.

한 정치학자는 말한다.

"한국 민주주의는 지금 중대한 전환점에 서 있습니다. 단순히 이전 시스템을 조금 수정하는 것으로는 현재의 위기를 극복하기 어렵습니다. 보다 근본적인 시스템의 재설계, 즉 제7공화국으로의 전환이 필요한 시점입니다. 여기에 트럼프 2기라는 새로운 도전 요소가 추가되었습니다."

이러한 전환점에서 우리가 어떤 선택을 하느냐에 따라, 대한민국의 미래는 크게 달라질 수 있다. 계속해서 정치적 갈등과 대립이 반복되는 현재의 패턴을 유지한다면, 국가 발전의 동력은 점점 약화되고 사회적 분열은 더욱 심화될 것이다. 반면, 시스템과 제도가 중심이 되는 새로운 정치 패러다임으로 전환한다면, 보다 안정적이고 지속 가능한 발전의 토대를 마련할 수 있다.

우리는 선택의 기로에 서 있다. 계속해서 정치적 갈등과 대립이 반복되는 '제6공화국의 연장선'에 머물 것인가, 아니면 시스템과 제도가 중심이 되는 '제7공화국으로의 전환'을 시작할 것인가. 그리고 트럼프 2기의 파도를 어떻게 대응할 것인가. 이 선택은 단순히 누가 대통령이 되느냐의 문제가 아니라, 우리가 어떤 나라에서 살고 싶은지, 어떤 미래를 만들어가고 싶은지에 대한 근본적인 선택이다.

제7공화국: 시스템이 주도하는 새로운 국가

지금 우리가 살려야 할 것은 무엇일까? 그것은 바로 '시스템'이다. 특정 개인이나 정파의 의지가 아닌, 제도와 시스템이 중심이 되는 국가 운영 방식이다. 이는 정치적 변화에도 불구하고 국가가 안정적으로 운영되고, 정책의 일관성과 연속성이 보장되는 시스템을 의미한다.

한국의 가장 큰 문제 중 하나는 시스템이 제대로 작동하지 않는다는 점이다. 정권이 바뀔 때마다 국가의 기본 정책이 급변하고, 행정의 연속성과 일관성이 저해된다. 이런 상황에서는 어떤 정책도 제대로 효과를 발휘하기 어렵다. 실제로 지난 10년간 주요 국가 정책 중 정권 교체 후에도 기본 방향이 유지된 정책은 36.7%에 불과했다. 이는 국민의 삶에 직접적인 영향을 미친다.

사회복지사 김미영(가명)씨는 "복지 정책이 정권마다 바뀌어 일선에서 서비스를 제공하는 우리도 혼란스럽고, 서비스를 받는 취약계층은 더 혼란스럽다"고 말한다. 벤처기업 CEO 박준호(가명)씨는 "5년마다 산업 정책이 바뀌니 장기 투자 계획을 세울 수 없다"고 토로한다. 이러한 현실은 국민의 삶의 질과 국가 경쟁력을 떨어뜨리는 직접적인 원인이 되고 있다.

제7공화국은 이러한 문제를 해결하는 새로운 국가 모델이다. '시스템이 주도하는 국가', '정책의 일관성과 연속성이 보장되는 국가', 그리고 '다양성 속의 통합이 이루어지는 국가'로 정의할 수 있다. 이는 특정 인물의 화려한 비전이나 이념적 순수성이 아니라, 국가 시스템의 안정적 작동과 국민 삶의 실질적 개선에 초점을 맞춘 국가 모델이다.

독일, 스웨덴, 호주 등 선진 민주주의 국가들은 이미 이러한 모델을 구현하고 있다. 이들 국가는 정권이 바뀌어도 국가의 기본 시스템과 정책 방향이 크게 변하지 않는다. 그 결과 정책의 일관성과 예측 가능성이 높아지고, 국민들은 안정적인 삶을 영위할 수 있다.

제7공화국은 '갈등의 재생산'이 아닌 '협력과 조율'이 기본 작동 원리가 되는 공화국이다. 정치 세력 간의 갈등과 대립이 국가 운영의 기본 패턴이 아니라, 다양한 이해관계자들이 공동의 목표를 위해 협력하고 타협하는 것이 기본 패턴이 되는 것이다. 이는 우리가 이미 경험했던 1997년 외환위기 극복 과정이나 2020년 코로나19 초기 대응에서 잠시 목격했던 모습이다.

트럼프 2기와 한국의 전략

트럼프 2기 행정부의 출범은 한국의 외교·안보·통상 전략에 근본적인 재검토를 요구한다. '아메리카 퍼스트' 기조, 동맹 재조정, 미중 패권 경쟁 심화는 한국에게 위기이자 기회다.

트럼프 외교의 핵심은 '거래'다. 상대국이 무엇을 제공할 수 있는지, 미국은 그 대가로 무엇을 얻을 수 있는지에 초점을 맞춘 실용주의적 접근법을 취한다. 이러한 환경에서 한국에게 필요한 것은 원칙은 지키되 전략적으로 유연하게 대응할 수 있는 외교 전략이다.

한덕수는 트럼프 행정부의 '거래적 외교' 스타일을 정확히 이해하고 있는 드문 인물이다. 주미대사 시절 트럼프 1기 행정부와 협력한 경험을 통해, 그는 트럼프식 외교의 특성과 효과적인 대응 방식을 체득했다. 래리 커들로(경제보좌관), 로버트 라이트하이저

(USTR 대표) 등 트럼프 행정부의 경제·통상 핵심 인사들과 효과적인 협력 관계를 구축한 경험은 현 시점에서 귀중한 자산이다.

트럼프 2기에 대응하기 위해서는 한미 관계의 경제적 가치를 명확히 수치화하는 전략이 필요하다. 한국 기업의 미국 내 투자와 일자리 창출, 공급망 기여도 등을 구체적 데이터로 제시함으로써, '공정한 거래'와 '일자리 창출'이라는 트럼프의 핵심 관심사에 효과적으로 대응할 수 있다.

또한 방위비 분담금, 무역 균형, 북한 문제 등을 개별적으로 다루는 것이 아니라, 포괄적인 '한미 전략 패키지'로 구성하여 협상의 유연성을 높이는 접근이 필요하다. 이는 특정 이슈에서의 양보가 다른 이슈에서의 이득으로 상쇄될 수 있는 구조를 만들어, 전체적으로 균형 잡힌 결과를 도출하는 방식이다.

한덕수: 제7공화국의 설계자이자 전략적 외교가

이런 도전적 환경에서 한덕수는 두 가지 중요한 역할을 수행할 수 있다. 하나는 '제7공화국의 설계자'로서의 역할이고, 다른 하나는 '트럼프 2기에 대응하는 전략적 외교가'로서의 역할이다.

역사를 돌아보면, 공화국이 위기에 처했을 때 우리는 종종 '제도주의자'를 선택해왔다. 제도주의자란 개인의 카리스마나 이념보다 제도와 시스템의 안정적 작동을 중시하는 리더를 의미한다. 1997년 외환위기 당시, 국민들은 국제 금융 시스템과의 협력을 중시하는 김대중을 선택했다. 2008년 글로벌 금융위기 상황에서는 경제 위기 극복에 초점을 맞춘 이명박이 선택되었다.

국가적 위기 상황에서 국민들은 종종 더 안정적이고 예측 가능한 리더를 선택하는 경향이 있다. 이는 불확실성이 높은 상황에서 안정과 예측 가능성에 대한 욕구가 커지기 때문이다. 지금 대한민국은 또 다른 위기의 순간에 직면해 있다. 두 번째 대통령 탄핵, 코로나19 팬데믹의 여파, 트럼프 재집권으로 인한 국제 질서의 재편 등 다양한 도전들이 동시에 발생하고 있다.

한덕수는 50년 공직 경험을 통해 국가 시스템의 작동 방식과 개선 가능성에 대한 깊은 이해를 갖추고 있다. 특히 그는 정통 관료 출신이지만, 네 명의 다른 성향 대통령(김대중, 노무현, 이명박, 윤석열)을 성공적으로 보좌한 경험을 통해 이념을 넘어선 균형 감각과 조율 능력을 갖췄다.

그의 실용적이고 시스템 중심적 접근법은 1997년 외환위기, 2008년 글로벌 금융위기, 그리고 2022년 코로나19 위기 대응 과정에서 빛을 발했다. 특히 외환위기 당시 그는 IMF와의 협상에서 데이터에 기반한 냉철한 판단과 전략적 유연성을 동시에 보여주었다. 이는 현재 한국이 직면한 복합적 위기 상황과 트럼프 2기라는 새로운 도전에 효과적으로 대응하는 데 필요한 자질이다.

한덕수는 '시스템 복원자'로서의 역할에 적합하다. 대통령 탄핵으로 인해 흔들린 국가 시스템을 다시 안정화시키고, 국민의 신뢰를 회복하며, 국가의 장기적 발전을 위한 기틀을 마련하는 역할이다. 동시에 그는 트럼프 2기의 파도를 효과적으로 타고 국익을 극대화할 수 있는 '전략적 외교가'이기도 하다.

새로운 시작을 위한 선택

제7공화국은 이미 시작되고 있다. 그것은 많은 국민들의 마음속에서, 다양한 사회 영역에서, 그리고 새로운 리더십에 대한 갈망 속에서 이미 형태를 갖추기 시작했다. 이제 필요한 것은 그 변화를 현실화하고 구체화할 수 있는 리더십이다.

한덕수는 제7공화국의 '완성자'가 아니라 '시작자'가 될 것이다. 그는 새로운 공화국의 첫 번째 장을 열고, 변화의 방향을 설정하며, 이후 세대가 그 변화를 계속 이어갈 수 있는 토대를 마련할 것이다. 이는 특정 정파나 이념의 승리가 아니라, 대한민국이라는 국가 공동체의 지속 가능한 발전을 위한 새로운 시작이다.

그의 리더십은 화려하지 않을 수 있다. 그러나 지금 대한민국에 필요한 것은 화려한 수사가 아니라 실질적인 변화이고, 극적인 대립이 아니라 안정적인 작동이며, 개인의 카리스마가 아니라 시스템의 복원이다. 한덕수는 바로 이러한 변화를 가져올 수 있는 인물이다.

지금 우리가 서 있는 이 역사적 전환점에서, 우리는 선택해야 한다. 계속해서 갈등과 분열의 정치를 이어갈 것인가, 아니면 협력과 조율의 새로운 정치를 시작할 것인가. 우리 아이들이 살아갈 미래의 대한민국을 어떤 모습으로 만들 것인가.

함께 행동하기: 우리 모두의 책임

제7공화국으로 가는 길은 한 사람의 리더십만으로는 완성될 수 없다. 우리 사회 각 분야에서 모두가 변화의 주체가 되어야 한다.

정치권에서는 정파적 이익보다 국가적 과제 해결을 우선시하고, 초당적 협력 메커니즘을 구축해야 한다. 시민사회에서는 양극화된 담론을 넘어 건설적 대화와 숙의 민주주의를 실천해야 한다. 언론은 갈등을 부추기는 보도보다 합리적 논의를 촉진하는 보도에 초점을 맞추어야 한다.

개인적 차원에서도 우리 모두는:

- 정치적 소음에 휩쓸리지 않고, 실질적인 정책과 역량을 중심으로 판단하기
- 다른 의견을 가진 사람들과의 대화와 이해를 넓혀가기
- 당장의 이익보다 미래 세대를 위한 지속 가능한 국가 발전을 고려하기

이러한 노력이 모여 제7공화국이라는 새로운 국가 모델을 현실화할 수 있다. 지금 우리가 선택하는 길이 미래 세대에게 물려줄 대한민국의 모습을 결정한다. 정치가 아닌 정치, 대통령이 아닌 국가를 선택하는 첫걸음을 함께 내딛자.

독자에게 드리는 제안

· 이 책의 내용을 주변인과 공유해보세요.
· 제7공화국 개념에 대해 토론의 장을 만들어보세요.
· 시스템 중심 국가로의 전환에 대한 자신의 의견을 형성해보세요.

참고문헌

단행본

- Fukuyama, Francis. The Origins of Political Order: From Prehuman Times to the French Revolution. New York: Farrar, Straus and Giroux, 2011.

정부 및 국제기구 공식 통계/보고서

- 통계청. 『2023년 사회통합지표』. 세종: 통계청, 2023.

- 통계청. 『2024년 한국의 사회지표』. 세종: 통계청, 2025.

- 한국은행. 『2025년 1월 경제전망』. 서울: 한국은행, 2025.

- 기획재정부. "2025년 1월 경제전망." 세종: 기획재정부, 2025.

- OECD. "Government at a Glance 2023." Paris: OECD Publishing, 2023.

- OECD. "How's Life? 2023: Measuring Well-being." Paris: OECD Publishing, 2023.

- United Nations Department of Economic and Social Affairs.

- "United Nations E-Government Survey 2022." New York: United Nations, 2022.

연구기관/민간 보고서

- 한국경제연구원. "2023년 기업 정책환경 인식조사." 서울: 한국경제연구원, 2023.

- BNP Paribas. "Korea Economic Outlook: Political Uncertainty and Growth Risks." BNP Paribas, February 2025.

기타

- Exemplars in Global Health. "South Korea's COVID-19 Response." 2020.

공식발언/언론자료

- 한덕수 대통령 권한대행 국무총리. "제16회 국무회의 모두발언." 정부서울청사, 2025년 4월 14일. KTV 국민방송.

- 한덕수 대통령 권한대행 국무총리. "CNN 인터뷰." 정부서울청사, 2025년 4월 8일. 국무조정실 보도자료.

- KBS. "[특보] '운명의 날' 탄핵심판 10차 시작 한덕수 총리 증언 중." 2025년 2월 20일 방송.

- 연합뉴스. "尹측 '헌재가 법률 어겨 재판 진행'… 한덕수 다시 증인 신청." 2025년 2월 13일 보도.

- 국무조정실 국무총리비서실. "2025년 APEC 정상회의 제6차 준비위원회 모두발언." 2025년 4월 18일.